歌舞伎町スナイパー

権徹

宝島
SUGOI
文庫

宝島社

巻頭カラー特集

ベストショット・オブ・歌舞伎町 1996～2014

逮捕

新宿区役所の脇で刃渡り10センチ強のナイフを振り回していた男（左端）が逃走。必死に追いかける制服警官たちを目撃したぼくは現場まで猛ダッシュ。路地を右往左往して体力を消耗した男に警官たちが一斉に飛びかかった。歌舞伎町の撮影は時間と偶然との勝負だ（2013年1月撮影）

喧嘩

強烈なミドルキックが顔面に炸裂！　蹴りを食らった男は一発でノックアウト（2006年11月撮影）

まるで肉食獣が集団で狩りをするように一人の男に襲いかかるやく[illegible]たち（2005年12月撮影）

喧嘩を売られた若いやくざのグループが大暴れ。二人が気絶、一人が土下座（2011年2月撮影）

死ねっ！――ぶち切れた客引きが喧嘩相手をいきなり一斗缶で殴りつけた瞬間（2012年11月撮影）

乱闘

歌舞伎町の路上にある“暗黙のルール”を無視してやりたい放題を続けていたアフリカ系の黒人客引きたちが、ついに地回りのやくざと衝突。パイプ椅子を振り上げる黒人に、自転車で応戦するやくざ。両軍入り乱れての激しいバトルは警官が来るまで続いた（2009年6月撮影）

闇カジノ

警官の制止を振り切り潜入。闇カジノは高級クラブのような内装だった(2007年11月撮影)

警察が壁を破壊して店内に強行突入。右奥に見えるのはチップの換金所？(2007年11月撮影)

「バカラ台」の押収風景。このシーンを撮るために朝まで待つこともある（2007年11月撮影）

氏名などが書かれたプラカードを首からぶらさげて連行される店員や客たち（2010年9月撮影）

入れ墨

やくざの全身入れ墨（和彫り）はアート作品のような美しさがある。彼らと接するときは一定の距離感を保つことが大事だが、入れ墨の写真については知り合いから撮影のリクエストがあれば応じるときもあった。歌舞伎町ならではのポートレートだと思う（2012年6月撮影）

やくざ

日本酒を湯飲みであおるように飲む。つまみは岩塩のみ。やくざの宴は渋い（2012年6月撮影）

やくざに土下座するホストたち。道を譲らなかったことが事の発端らしい（2005年12月撮影）

入れ墨と欠損している小指が極道の証。知り合いのやくざが撮らせてくれた（2012年6月撮影）

白装束のイケメン軍団が登場！　実はこのホストたちはある雑誌のグラビア撮影のためにこの場所へ集結していた。その場に居合わせたぼくはホストたちや雑誌スタッフに了解をもらいちゃっかり便乗取材。歌舞伎町らしいイメージカットを撮ることができた（2009年11月撮影）

ホスト

Tバックの水着で客引きをするガールズバーの店員。男たちの視線を独り占め（2010年7月撮影）

オンナ

制服姿のエンコー少女がホテルと直交渉。相手のおじさん（右端）が遠巻きに見守る（2005年9月撮影）

茶髪、ミニスカート、ルーズソックス。コギャルルックの女子高生が徘徊中（2007年9月撮影）

ガングロ肌にド派手なメイクのヤマンバギャルを発見！　いまや絶滅危惧種（2009年6月撮影）

逃走

風林会館の近くで新しいカメラの試し撮りをしているとき、白いビニール袋に入った麻薬や注射器を投げ捨てながら逃走する密売人を発見。緊迫の逮捕劇を撮影することができた。この偶然の1枚はぼくの代表作。スクープの瞬間は時と場所を選ばずにやってくる（2005年11月撮影）

衆人環視の中、サングラス姿の女性が取り押さえられた。女性はなぜか裸足！（2010年7月撮影）

警察

一番街に続く横断歩道で小競り合いを始めたグループを引きはがす警官たち（2008年7月撮影）

道路にせり出した風俗店の看板。フードル、顔射、素股。日本語は難しい……（1996年撮影）

90年代

殴られ屋に炎マジック。90年代後半のコマ劇場前広場は大道芸が盛んだった（1998年撮影）

自殺

早朝に自殺騒動を起こした20代前半の女性（中央のビル屋上）は、あるホストクラブにはまってしまい多額の借金をしながら通い続けていたらしい。現場は8階建てのマンションの屋上。このときは警察の説得に応じたが、3カ月後に同じ場所から身を投げて彼女は亡くなった（2003年6月撮影）

泥酔

全身黒ずくめの泥酔男がタクシーの表示灯を夜空にシュートする直前を激写(2008年2月撮影)

ショートパンツの大虎を確保!
肉感的な太ももに警官もうっとりしちゃう!?(2008年8月撮影)

ハプニング

人目もはばからず熱いキスをくり返す中年男性と若い女性の年の差カップル（2011年5月撮影）

セクシーなコスプレギャルのゲリラ撮影会？　深紅の衣装とハイヒールが妖艶（2011年7月撮影）

標的

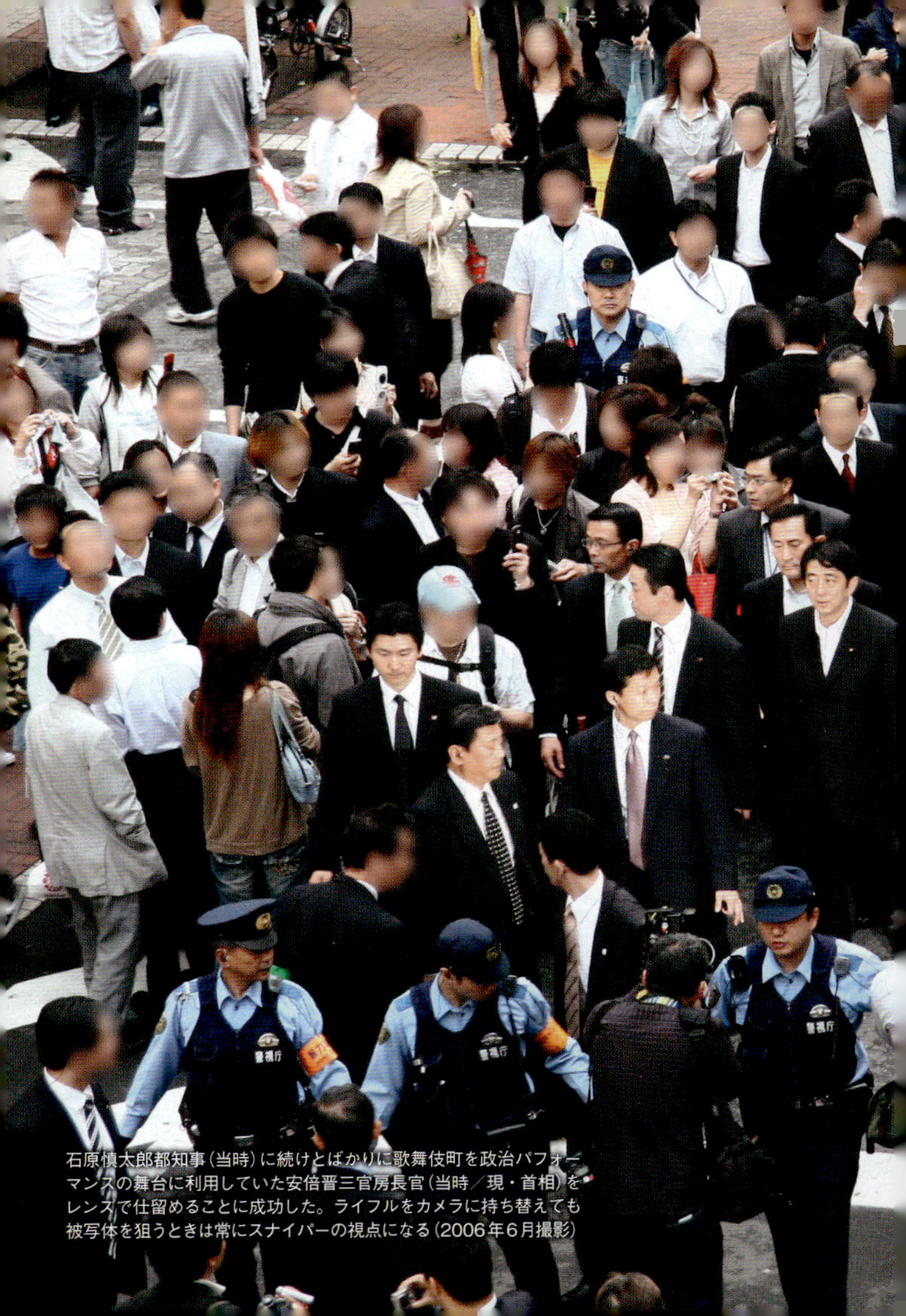

石原慎太郎都知事（当時）に続けとばかりに歌舞伎町を政治パフォーマンスの舞台に利用していた安倍晋三官房長官（当時／現・首相）をレンズで仕留めることに成功した。ライフルをカメラに持ち替えても被写体を狙うときは常にスナイパーの視点になる（2006年6月撮影）

事件・事故

中年女性が顔面を刃物で切りつけられる事件発生！　犯人は元交際相手だった（2008年3月撮影）

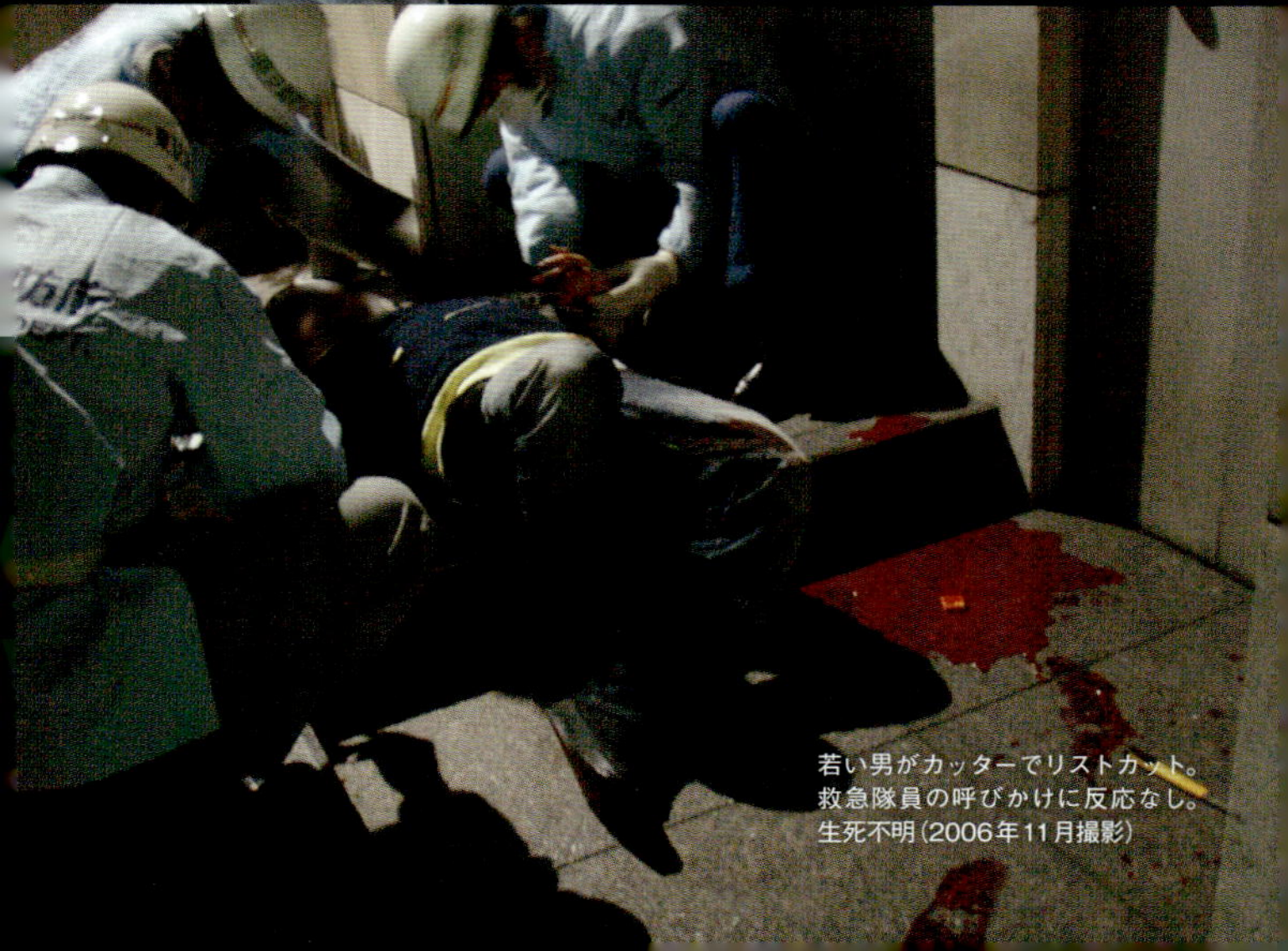

若い男がカッターでリストカット。救急隊員の呼びかけに反応なし。生死不明（2006年11月撮影）

新宿区役所の向かいにある商業ビルで出火。歌舞伎町は一時騒然となった（2007年4月撮影）

軽自動車がコマ劇場のテナントに激突。奇跡的に通行人は巻き込まれなかった（2008年1月撮影）

矛盾

歌舞伎町は「矛盾」に満ちた街だ。そして「矛盾」に惹きつけられた人間の集合体でもある歌舞伎町はイエス・ノーの二者択一で決められるほど単純な世界ではない。ぼくは権力の象徴である警官を純真な目で見上げる幼女を撮ることでそのことを表現したかった（2008年6月撮影）

変貌

歌舞伎町のランドマーク「コマ劇場」は地上31階、地下1階の商業ビルへ生まれ変わる（上：2008年8月撮影／下：2014年7月撮影）

歌舞伎町MAP
職安通り
ラブホテル街
新宿区立大久保公園
東京都
健康プラザ
ハイジア
大久保病院
新宿
バッティング
センター
西武新宿駅
歌舞伎町交番
花道通り
旧コマ劇前広場
旧コマ劇場
風林会館
セントラルロード
一番街通り
区役所通り
桜通り
東通り
ゴールデン街
新宿区役所
ドン・キホーテ
ヤマダ電機
靖国通り

目次

第3章 警官との場外乱闘

構成・編集協力／横浜大輔
本文写真／権徹
本文ＤＴＰ／ｉｎｋａｒｏｃｋｓ

第1章　やくざが支配する街

本部長とライフル

「よお、ゴンちゃん！」

ある日の夕方。東通りをパトロールしていると脇の路地から野太い声に呼び止められた。相手は本部長――武闘派で有名な組織の最高幹部。

「どうも兄貴、おつかれさまです」

ぼくはやくざのことを「兄貴」と呼ぶようにしている。別に深い意味はない。日本人の名前を覚えることが苦手なだけだ。本部長のような大物でも、年下のチンピラでも同じやくざ。同じ兄貴。

もっとも、歌舞伎町暮らしが10年を過ぎたころには、名のある組織のボスクラスに対しては会長や組長といった肩書きをつけて呼ぶこともあったが、それ以外のやくざに対してはすべて兄貴で通していた。

笑みを浮かべてご機嫌な様子の本部長。ボディーガード役の若い衆を連れてこちらに近づいてくる。

「どうだ、最近はいい写真を撮れてるのか？」

「はい、おかげさまで昨日も撮れました」

「どんなのが撮れたんだよ」

「コマ劇場の前で派手な殴り合いの喧嘩がありました。たぶん酔っぱらい同士だったと思います」

「あぁ、その喧嘩の話は聞いてるよ。おれもひと暴れしてゴンちゃんに撮ってもらいたかったたな」

拳を突き出して、にやりとする本部長。愛想笑いする若い衆。ぼくも無理矢理、笑顔をつくった。

一般的にいえば、やくざに呼び止められるのは怖いことかもしれないが、ぼくもやくざもこの街を仕事場にしているご近所さんみたいなもの。街中でよく会うやくざとは自然と顔見知りになり、軽くあいさつをするような関係になっていく。普段の生活においてもこのような流れはよくあることだろう。相手がやくざであることを除けば。

やくざの中には、ぼくを完全に無視するタイプもいれば、言いがかりをつけてくるタイプもいる。本部長の第一印象も最悪だった。初対面のときに「てめぇ、ここで何をやってんだ！」といきなり一喝された。それがいまではこうやって言葉を交わすようになった。それがよいことなのかどうかはわからないが、少なくとも本部長はぼくのことを「敵」だとは思っていないようだった。ぼくにすればそれだけで十分だった。

本部長が右手の人差し指で拳銃の引き金を引くような仕草をしながら聞いてきた。

「おまえさ、韓国の軍隊にいたとき、本物のライフルを撃ったことがあるのか？」

「もちろんありますよ。海兵隊時代はスナイパーでしたから……」

正直、またか、と思った。徴兵制度が無い国に生まれた日本人にはぼくの軍隊経験が珍しいらしく、訓練の内容や銃器の取り扱いについて質問されることがたびたびあった。それらについていちいち説明するのもめんどうなので、ぼくはいつも適当に端《は》折《しょ》って答えていた。

今回もそのつもりでいたが、事態は予想外の方向へ進んでいった。

「やっぱり、そうか。本物のライフルを撃ったことがあるならちょうどいいや。俺が持ってるライフルを見せてあげるから、それが本物かどうかを判定してくれよ」

「え？　本部長がライフルを持っているんですか？」

「そうだよ。まあ、いいから俺についてこいよ」

そう言うと、本部長は若い衆を連れてすたすたと先に行ってしまった。本部長は酒に酔っている様子はない。シラフの状態で突拍子もない話をしてきたのは、ぼくを喫茶店などに誘うための口実なのかもしれない。どうせ冗談だろうと思ったが、断るタイミングを逃してしまった。しかたなくぼくは本部長の背中を追いかけた。

5分ぐらい歩いたところにある雑居ビルの前。本部長は何気なく周囲を見渡すとそのままビルの中に消えた。

ぼくはそのビルをそっと観察した。喫茶店があるような商業ビルではなかった。奥まったところに出入り口があった。ぼくは本部長とボディーガード役の若い衆とエレベーターに乗り地下1階で降りた。そこには若い衆と同じような雰囲気の男たちが立っていた。本部長は男たちに声をかけると今度は螺旋《らせん》階段を使って地下2階に降りはじめた。

秘密の地下フロア──。さっき乗ったエレベーターの表示板には「B1」（地下1階）までしかなかった。直通のエレベーターがなく関係者しか知らない廊下や階段でしかたどり着けない「秘密のフロア」が屋上や地下にあるのは典型的な「やくざビル」の構造だ。

本部長に続いてぼくも螺旋階段で地下2階に降りると、目の前にあった鋼鉄製のドアが中から開けられた。どこかに監視カメラが設置されていたのだろう。「おつかれさまです」という声が聞こえてきた。

ドアの中は6畳にも満たない殺風景なスペースだった。天井が異様に低く、奥にはスチール製のキャビネットが4台、手前には監視カメラ用のモニターと事務机。そばには監視役の若い衆が3人とも直立不動で立っており、そのうち2人は見たことのある顔だった。

本部長が一番近くにあったキャビネットの扉に手をかけると横にスライドさせた。ぼくの目に黒い鉄の塊がいきなり飛び込んできた。

た。


リボルバー——回転式拳銃。

本部長に許可をもらい、ぼくはリボルバーを手に取ってみた。リボルバーにぼくの指紋が残るリスクが頭をかすめたが、触れてみたい——という衝動を抑えきれなかった。

ずしりとくる重み。ひんやりとした感触。わずかな火薬と油のにおい——このリボルバーは本物だ！　弾倉には実弾が6発装填《そうてん》されていた。

全身に鳥肌が立った。怖さは感じなかった。リボルバーの放つ鈍い光にぼくは吸い込まれそうだった。拳銃に不慣れな日本人は実物を見ると驚くかもしれないが、ぼくは海兵隊時代に所属部隊の代表として射撃大会に出場するぐらい銃器の扱いには長けていた。拳銃に対するアレルギーは日本人のそれと比べれば無いに等しかった。

リボルバーの木製グリップを握りしめていたぼくは、無性に撃ってみたくなった。海兵隊の装備品として支給されていたのはオートマチック（自動式拳銃）。ぼくはリボルバーを撃ったことがない。スナイパーだったころの血が騒ぐ——危険な妄想を消し去るために、リボルバーを元の位置に静かに戻した。

ぼくはあらためてキャビネットを覗いた。4段に分かれた棚に2丁ずつ、計8丁のリボルバーが無造作に置かれていた。リボルバーはすべて同じモデルのようだった。各リボルバーのそばにはプラスチック製の黒い箱が添えられている。おそらく実弾ケースだろう。

残りの3台のキャビネットにも同じようにリボルバーが保管されているのだろうか。確かめることはできなかったが、ここがやくざの「武器庫」であることはまちがいなさそうだ。

ふと、ある話を思い出した。オートマチックは発射時に薬莢《やっきょう》が外に飛び出すから使わない。やくざが使う拳銃はリボルバーが多い——これは知り合いのやくざから聞いた話だが、本部長に案内された武器庫を見る限り、この話はあながちオーバーな内容ではないように思えた。

やくざの「武器庫」で記念撮影

「そっちのよりも、こっちのライフルを早く見てくれよ」

本部長は一番奥の壁を指差した。照明は天井に設置された間接照明が2つしかなかったので、最初は薄暗くて気づかなかった。だんだんと暗闇に目が慣れてくると奥の壁にかかっている長い銃身をした3挺《ちょう》の輪郭がぼんやりと見えてきた。

それは、スナイパー用のライフル（狙撃銃）ではなく、地上戦の兵士らが装備するアサルトライフル（自動小銃）だった。本部長は一番下にあったアサルトライフルをぼくに押しつけるように手渡した。

ぼくはアサルトライフルを構えた。重さ、造り、感触——手の平から伝わってくるそれはまちがいなく本物だった。おそらくロシア製。このアサルトライフルは東南アジア系の軍隊やゲリラ戦で使われているモデルだろう。韓国軍が採用しているメイド・イン・コリアのアサルトライフル「K1」よりも一回り小さかった。

「どうだ？」

アサルトライフルを食い入るように見つめていたぼくに本部長が聞いてきた。

「これはみんな本物ですね」

ぼくは率直な感想を述べた。本部長は満足そうに「そうだろう、そうだろう」とうなずくと意外なことを言い出した。

「おまえ、カメラを持ってるんだろ？　ここでおれの記念写真を撮ってくれよ」

本部長がぼくを武器庫に連れてきた理由がようやくわかった。リボルバーやアサルトライフルの真贋判定はあくまでも余興で、真の目的は記念撮影にあったのだ。

嫌な気はしなかった。むしろラッキーだと思えた。やくざの武器庫で写真を撮る機会なんてこれが最初で最後だろう——。ぼくはすぐに撮影の準備に入った。

当時は中判カメラでの作品づくりに熱中していたので、このときも35ミリの一眼レフカメラではなく中判カメラと三脚を持ち歩いていた。ぼくは三脚に中判カメラをセットしてベストなアングルを探しはじめた。

武器庫の内部は暗いのでシャッタースピードは1秒ぐらいの超スローとなる。事務机の椅子にどかっと腰を下ろしてレンズをじっと見つめている本部長に「なるべく動かないでください」とお願いしながらファインダーを覗いた。

アングルは本部長を見下ろす位置に決めた。そのままピントの微調整をしているとあることに気がついた。本部長の背後にある事務机の引き出しが開いたままになっており、そこにはむき出しのリボルバーが置いてあったのだ。

このままではリボルバーが写り込んでしまう――。一瞬、リボルバーを隠すべきかどうか悩んだが、ぼくはそのままシャッターを切った。同じアングルで3カットだけ撮影した。

「おれはおまえを信じているからな」

帰り際、本部長がぼくの肩に手を乗せながらこうつぶやいた。

「この写真は危なすぎて世間には絶対に出せませんよ」とぼくは答えた――。

あのスリリングな体験をした日から10年ちょっとの時間が過ぎた。ぼくが撮影した本部長はやくざの世界から足を洗い、あの武器庫は摘発を逃れるためにどこかへ引っ越したらしいと風の噂で聞いた。

一晩3万歩の〝パトロール〟

ぼくの仕事は歌舞伎町を歩くことだ。日課のパトロールはほぼ毎日続けてきた。

ぼくは歩きながら絶えず「変化」を探し求めている。道路の混雑状況は、雑居ビルの外観は、風俗店の看板の位置は、路上駐車の車種は、客引きたちの顔ぶれは——。

小さくてもいい。昨日と比べて何か「変化」はないか。忙《せわ》しなく周囲に目を配っている様子はパトロール中の刑事のようにも見えるらしい。いまでは笑い話だが、昔はよく勘違いされてこの街の住民たちから警戒されたこともあった。

一日の平均乗降者数が300万人を超える世界有数のマンモスターミナル——新宿駅。そのお膝元にある歌舞伎町は日本一の歓楽街だ。警視庁の公表資料（2012年12月末現在）によれば、このエリアにはキャバクラ・バーなどの風俗営業が約1090店舗、派遣型ファッションヘルスなどの性風俗関連特殊営業が約440店舗、スナックなどの深夜酒類提供飲食店営業が約2060店舗あり、他のエリアに比べて店舗数が突出して多い。

ぼくは人出の多い週末は徹夜で歩くようにしていた。多いときには一晩で3万歩、およそ20キロを歩くこともある。こんなペースだから新品のスニーカーが半年足らずでぼろぼろになる。これまでに履き潰してきたスニーカーは50足を下らない。

ぼくが狙うハプニングやトラブルの瞬間は待ちの姿勢では決して撮れない。だから靴底を減らしてなんぼのクラシックな取材スタイルにこだわっている。獲物を追いかける肉食獣のように動き回らなければ、決定的な瞬間に食らいつくことはできないからだ。

「ここで撮るならちゃんと払えや」

その日も、ぼくがいつものように歌舞伎町をパトロールしていると、突然、背後から声をかけられた。

「おまえ、いいかげんにしろや」

声の主は関西訛りが残る新顔やくざ。1週間ぐらい前からしつこく絡んでくるようになった。

「おい、聞こえてんだろ。なんで写真なんか撮ってるんだよ」

低い声がいらついている。無視するわけにはいかない。ここで逃げたらぼくの負けだ。小さく深呼吸――覚悟を決めた。2、3発殴られるかもしれないが、いきなり刺してくることはないだろう。心の中でファイティングポーズをつくりながらぼくは振り向いた。

「こんばんは。兄貴、どうしたんですか」

「どうした、じゃねえよ。いいから早くしろって」

新顔やくざの全身から不機嫌さが伝わってくる。びびるな——。弱気になったら相手のペースで押し切られる。

「兄貴、なんですか。何を早くすればいいんですか」

「昨日も言っただろ。ここで写真撮るならちゃんと払えや、ほれ」

小指が欠けた左手をぼくに近づけてくる。昨日はついに具体的な金額を提示された。月3万のみかじめ料——。途中で新顔やくざの携帯電話が鳴って話がしりきれとんぼになったが、今日はきっちりとかたをつけにきたようだ。

いままでに、やくざからみかじめ料を請求されたことは何度もある。自慢にならないが、歌舞伎町に事務所がある主立った組織からは、だいたい声をかけられた。

この街で写真を撮りたければ金を払え——と。

90年代の後半、歌舞伎町に通い出したころは「みかじめ料」の意味を理解するまでに、何度も痛い目にあった。「そこで何してんの」という問いかけを皮切りに、それを適当な返事で誤魔化していると、今度は「ここがどういう場所なのかわかってるのか」と脅され、さらには「ちょっと来いよ」と物陰に引き込まれる。最悪のケースだと、そのまま事務所に連れていかれてしまうこともあった。

これは最近になって気がついたことだが、この「みかじめ料」という言葉は、歌舞伎町のアングラ用語ではなく辞典にも載っている立派な日本語だった。インターネット上で無料公開されている辞典には次のような意味が書いてある。

〈暴力団が、縄張りとする繁華街の飲食店や風俗店などから取り立てる用心棒料。おしぼり代・観葉植物代・広告代などの名目で法外な金額を請求するものもいう〉（デジタル大辞泉）

ここには書かれていないが、みかじめ料には暴力団の縄張り内の路上で商売をしている人間（客引きなど）が支払う場所代（しょばだい）のニュアンスも含まれている。

誤解のないように記しておくが、みかじめ料の要求は、暴力団対策法（暴力団員による不当な行為の防止等に関する法律／１９９２年３月施行）や東京都暴力団排除条例（２０１１年10月施行）などで明確に禁止されている違法行為だ。

それゆえに、直接、間接を問わず、やくざからみかじめ料を求められても拒否することは簡単にできる。いきなり警察を呼んで、やくざに恐喝されたと被害を訴えることも可能だろう。やくざを無視して二度とこの街には来ない、という手もある。

どちらも正しい判断だと思う。だけどぼくにとっては正解じゃない。歌舞伎町から離れるつもりならそれでもいいが、ぼくにそのつもりはないからだ。みかじめ料は、この街や、やくざを含めたこの街の住人たちを被写体に選んだぼくには避けては通れない問題だった。写真を撮り続けるためにはすべてを自分で解決するしかない。

死んでも「みかじめ料」は払わない

ぼくは新顔やくざから目をそらさずに答えた。

「みかじめ料は払えません。もし、それを払ってしまったら、ぼくは兄貴以外（のやくざ）に命を狙われます。ぼくはまだ死にたくないですよ！」

ぼくの理屈は極めてシンプルだ。A組、B会という、敵対しているふたつの暴力団があったとする。そのうち、ぼくがA組にみかじめ料を払えばA組から難癖をつけられることはなくなるが、B会からみればぼくはA組の関係者となり、最悪のケースでは敵として攻撃対象にされてしまうかもしれない。A組が24時間、365日、ぼくを守ってくれるなら安心できるが、そんなことは不可能だ。

それならば、いっそのことA組、B会の両者にみかじめ料を払えばいいのか——。

いや、それは最悪の選択だ。歌舞伎町には両者以外にも無数の暴力団が乱立している。そのすべてといい顔をしながらつきあうことはできるわけがない。そんなことをしようとしたら「ちょっと脅せば、すぐに金を払うやつ」というレッテルを貼られて骨の髄までしゃぶられてしまう。

新顔やくざが何かを言いかけたが、ぼくは間髪入れずに自分のポリシーをぶつけた。

「ぼくは歌舞伎町をテーマにしているカメラマンです。取材で一番大事なことは常に中立な存在でいることです。だからぼくは、どこの組織とも仲良くしません。殴られても蹴られても絶対にみかじめ料を払いません！」

曖昧な受け答えをしているとどんどんつけ込まれる。やくざとやりとりをするときは、はっきりと受け答えをすることが何よりも重要だ。そのおかげで何度も痛い思いをしたが、これまでにみかじめ料を払ったことは一度もない。これからも払うつもりは一切ない。

いまから考えれば、みかじめ料の支払い拒否を貫いたからこそ18年も歌舞伎町で生き残ることができたと思う。もし1回でもみかじめ料を払っていれば、途中から払いませんというわけにはいかなかっただろう。

新顔やくざとのやりとりはここまでが限界だった。これ以上、この場で押し問答を続けるのは危険と判断したぼくは、いらついた表情の新顔やくざにいつものフレーズで拝むように懇願した。

「兄貴、ぼくみたいな貧乏外人がお金を持っているわけがないじゃないですか。あんまり外人をいじめないでくださいよ。今度、兄貴を男前に撮ってその写真をプレゼントしますから」

やくざに絡まれたときは日本語がよくわからないふりをすることもあったが、来日5年が過ぎたこのころになるとその手はもう使えなくなっていた。そこでぼくは日本人はみんないい人と情に訴えつつ、写真をプレゼントすることにしていた。

このプレゼント作戦は効果覿面《てきめん》だった。誰でもよく撮れている自分の写真を見れば気分はいいものだ。もっと写真を撮ってくれとリクエストされる機会が増えれば、増えるほど、ぼくに対する警戒心が低くなる。それは、この街とこの街の住人を被写体にしているぼくにとっては望ましい状況になることを意味する。

写真のプリント代は1枚あたり30円程度かかるが、それは必要経費として割り切ることにしていた。みかじめ料に比べれば桁違いの安さだし、そもそも写真を撮らせてくれたお礼に渡す写真の費用だから、みかじめ料のようなややこしい話にはならない。まさに、ぼくにはうってつけのやり方だった。

「やっぱ、兄貴を撮るならセントラルロードかな。もし時間があるならいまから行って撮影しましょうか。おもいきって歌舞伎町を貸し切りにしてもいいですよ！　兄貴ならすぐムービースターになれますよ！」

ぼくはこの手の冗談を言って相手をよく笑わせていた。それは、くだらないカメラマンジョークであり、ぼくなりの危機回避術だった。

新顔やくざから不機嫌さが消えつつあった。こうなれば助かったも同然だ。ぼくは軽く頭を下げてその場から立ち去った。新顔やくざの声はもう追いかけてこなかった。

暴力団事務所へ

ある組織の若い衆が誰かを必死に探している――。その噂はぼくの耳にもすぐに届いた。昨夜、やくざ同士の乱闘があったばかり。探している相手が見つかれば今夜も大きな動きがあるかもしれない。ぼくは長い夜になることを覚悟して、若い衆の行方を追いかけていた。

「いたぞ！」

若い衆が声を張り上げながら、ぼくを指差した――。

えっ？　なんで？？　ぼくなの？？？

ぼくは慌ててを後ろを振り向いたが、そこには誰もいなかった。何かのまちがいだろうと思って視線を戻すと、鬼の形相をした若い衆が掴みかかってきた。

「聞きたいことがあるから、事務所までちょっと来いよ！」

有無を言わせない強い口調。理由はわからないがお誘いを断ることはできそうもなかった。質問をしても答えてはくれないだろうし、若い衆を振り切って逃げれば状況が悪化するだけ――。ぼくは無駄な抵抗はせずに黙って若い衆のあとについていった。

事務所は1階から最上階まで風俗店がテナントとして入っている風俗ビルの中にあった。若い衆と乗り込んだエレベーターを最上階で降りると、廊下の突き当たりに鋼鉄製の扉が見えた。扉の周囲には監視カメラが何台も設置されている。若い衆が扉の手前にあったインターフォンを押すと扉のロックが外れた。若い衆が扉を開く。そこには最上階のさらに上にある〝秘密のフロア〟へ続く階段があった――。

前記した「武器庫」のところでも少し触れたが、会長や組長クラスの事務所がある「やくざビル」には事務所までの直通エレベーターが無い。事務所があるフロアには関係者だけが知る廊下や階段を使わなければたどり着けない構造になっている。このレイアウトは防犯対策に優れているため金融系の事務所が入るビルでも採用されているという。もっとも、「やくざビル」の場合は、敵対勢力の襲撃や警察のガサ入れを少しでも遅らせて時間稼ぎをすることが目的らしいが……。

最上階のさらに上にある〝秘密のフロア〟へ続く階段を昇ると、また鋼鉄製の扉があった。扉の前のスペースには目つきの悪い若い衆が門番のように待機していた。案内役の若い衆と門番が短い会話をしたあと、門番が扉を開けた。ここから先が事務所。ぼくは扉の分厚さに驚きながら中に入った。

まずは玄関だった。真ん中に高級そうな下駄や草履がずらっと列んでいる。壁際にはやはり高級そうな紳士靴もあったが、どれも寸分の狂いもなく整然と配置されている。廊下も隅々まで掃除が行き届いており、どこかもかしこもぴかぴかだった。

ぼくは廊下の突き当たりにあるリビングに通された。薄いサングラスをかけた恰幅のいい最高幹部が煙草をくゆらせていた。

失礼します——恐る恐るあいさつしながら、ぼくはリビングを見渡した。

10畳ぐらいありそうな広いスペース。壁には横幅が1・5メートルぐらいある大きな集合写真。おそらく上部団体の重役たちなのだろう。センターポジションは有名な組長だったのかもしれないが、じっくり見ることはできなかった。

反対側の壁には大きな熊手と巨大な象牙のオブジェ。日本刀も2本飾ってあった。映画やテレビドラマに出てくる暴力団事務所のような神棚や提灯は見た記憶がない。もしかしたら別の部屋にあったのかもしれない。

グレーの絨毯《じゅうたん》が敷かれたリビングの中心には明るい茶色の長机。たぶん大理石。その机は両サイドに5人ずつ座れる特大サイズで丸い座布団が人数分置かれていた。一番奥の上座、いわゆる誕生日席には黒い革製の大きなソファがあった。おそらく会長専用のソファなのだろう。50台前半と思われる最高幹部もそこには座らず、丸い座布団にあぐらをかいていた。

「まあ、座れよ」

最高幹部に促され、ぼくは反対側の座布団に腰を下ろした。さすがに正座はしなかった。最高幹部の話は単刀直入だった。

「おまえさ、昨日、うちのが揉めているところを写真撮ったのか?」

ぼくには心当たりがあった。昨日の深夜、やくざ同士の乱闘を確かに撮影していた。ここで変に言い逃れしても意味がない。ぼくは撮影した事実を素直に認めた。

「それで、おまえさ、その写真はどうするつもりなんだよ?」

最高幹部が煙草を灰皿でもみ消しながら聞く。左手の小指と薬指が欠けていた。二の腕の入れ墨が半袖シャツの裾から見えている。外出時はジャケットを羽織るがここは自分たちの事務所。入れ墨を隠す必要はない。ぼくは入れ墨を見ないように下を向いて答えた。

「ぼくは歌舞伎町をテーマにしたドキュメンタリー写真を撮っています。週刊誌や月刊誌に写真を提供することもありますが、すべての写真を出すわけではありません。雑誌に載せるときは個人が特定されないように顔にモザイク処理をかけて問題が起きないようにしています」

ぼくの説明を聞き終えても最高幹部はうんともすんとも言わなかった。不気味な沈黙——。耐え兼ねてぼくが顔を上げると、最高幹部が口を開いた。

「おまえさ、おれと会ったことあるよな」

「はい」

「おれが誰だかわかるよな」

「はい」

ぼくの返事を聞くと、最高幹部は「もう帰っていいよ」と言い残してリビングから出ていった。5分にも満たない面会時間。入れ替わりで案内役の若い衆に声をかけられ、来たときとは逆の道順で1階まで降りるとぼくは解放された。

やくざビルの前で一人取り残されたぼくは、大きなため息をつきながらさっきのやりとりについて考えた。

要は脅しだったのだ——。最高幹部の言葉の裏には、「おれたちの組織はおまえのことを覚えたからな、この街で下手ことをやるなよ」という意味が込められていたのだ。

余計なことを一切言わない最高幹部の脅し方に〝やくざらしさ〟を感じたぼくは、もう一度ため息をついた。

「ケツ持ち」の男たち

通りやブロックごとにやくざの縄張り（通称・シマ）が決まっていれば外部からでも判別つきやすいが、歌舞伎町のシマは入り乱れて細分化している。最小単位だと同じビルの同じフロアにある3店舗がそれぞれ別の組織に「みかじめ料」を払っているケースもあるという。

前述したが「みかじめ料」とは、飲食店や風俗店、路上の客引きなどが客や同業者とのトラブルなどが発生した際にその処理をやくざに依頼するために払っている用心棒料のことだ。

ぼくの感覚でさらに解説すれば、やくざのシマで営業するからみかじめ料を納めるというよりは、みかじめ料を納めた店やグループや個人がやくざの庇護を受けられる――つまりそれらがやくざのシマとなる。これが歌舞伎町の伝統的なスタイルだと思う。

みかじめ料を納めている店でトラブルが発生すると、その店は「ケツ持ち」と呼ばれるやくざに一報を入れる。いわばこのケツ持ちは営業担当のような存在。ケツ持ちは電話1本ですぐに現場へ駆けつける。

厄介なのは、トラブルを起こした当事者たちがそれぞれのケツ持ちを呼んだケースだ。ケツ持ちになるような幹部やくざは顔が広く、普段は好意的な態度をとるタイプが多いが、トラブルの現場に呼ばれたときはビジネスモードになる。ケツ持ちはみかじめ料で雇われた用心棒。依頼者を守ることが仕事なのだ。

まずはケツ持ち同士の話し合い。どちらの言い分が正しいのか、悪いのか。この段階で決着がつかなければその上の本部長、さらに上の組長同士の話し合いになることもあるがほとんどはケツ持ちの段階で結論が出る。

話し合いが拗《こじ》れた場合は大変な事態になる。最悪の場合は大乱闘になることもある。

ケツ持ち同士の喧嘩はシマをかけた闘いだ。喧嘩に負けたほうが勝ったほうにシマを奪われる。依頼者はより強い組織にみかじめ料を納め、弱い組織は切り捨てられる。やくざの世界は弱肉強食をまさに地でいく。事実、ケツ持ちを強い組織に切り替えるケースは珍しくないという。

シマを巡る争いが最も激しいのは、さくら通り沿いや花道通り沿いといわれている。これらの通り沿いは歌舞伎町にあるすべての組織が入り乱れている危険な過密地帯。歌舞伎町の火薬庫だ。

路上の客引きAが自分のシマから少しでもはみ出して、となりの客引きBのシマでお客さんに声をかけてしまうとすぐにBからAにクレームがつく。それに対してAがBに文句を言い返したら、すぐにBのケツ持ちが飛んでくる。当然、AもBやBのケツ持ちに対抗するために自分のケツ持ちを呼ぶ。そうなれば、ケツ持ち同士の一触即発の話し合いとなる――。

客引きの行動範囲はケツ持ちのシマであり、ケツ持ちのシマは客引きの行動範囲となる。やくざ同士の喧嘩は、そのほとんどがシマをめぐる争いだ。それは、やくざたちが自分たちのシマを守るために、命をかけているからだろう。

風俗の街で発生するトラブルは、必ずしも警察が介入するものではない。当事者同士でかたをつけることが多く、そのときに暗躍するのがケツ持ちなのだ。

喧嘩担当に気をつけろ

喧嘩担当——ぼくは彼らのことをそう呼んでいる。

彼らとは、シマの現場責任者であるケツ持ちに同行している若いやくざのことだ。ケツ持ちも強面《こわもて》だが、シマの堅気連中との接点があるため言葉遣いはそれなりに丁寧だし、腰が低いタイプも多い。もちろん、それは営業モードであって、一皮剥《む》けばやくざの本性をむき出しにするが、表面上は営業担当としての振る舞いをしている。

一方、喧嘩担当は文字通り、喧嘩をするために存在しているストリートファイトのプロ。2、3人の素人相手なら一人で立ち向かう。性格も荒っぽく、口より先に手が出るタイプで傷害や暴行で刑務所に行くことを厭わない根性の持ち主だ。ある意味では、喧嘩で警察にパクられる（逮捕される）のが仕事なのかもしれない。

喧嘩担当は、いわば暴力団の暴力装置——。躊躇《ちゅうちょ》無く暴力を行使できる喧嘩担当のような人材がいるからこそ暴力団なのだ。

喧嘩担当は刑務所を出たり入ったりするうちに、やくざ人生にどっぷりと浸かっていく。全身に入れ墨を彫ったり、自ら小指を詰めたりする。昔のやくざは何か失敗をしたときのケジメとして小指を詰めることが多かったようだが、現代のやくざは組織への忠誠を誓う意味で実行されることが多いという。昔はやくざから足を洗うために、いまはやくざを続けるために指を詰める。

そして、組織に認められるだけの実力をつければ、喧嘩担当はケツ持ちに昇格する。それをやくざ界の出世と言っていいのかは知らないが、ケツ持ちは元喧嘩担当だった人が多いのであまり舐《な》めてかからないほうがいいのはまちがいない。

ここでやくざとのトラブルに巻き込まれないための方法をお知らせしておこう。

やくざが一番嫌うのは、「おれは○○組の○○の知り合いだ」と具体的な組織名や個人名を出してはったりをかますことだ。これをやってしまうと、はったりがバレたあとに大変なことになる。それは見せしめの意味もあるのだろう。ぼくが聞いた話ではこんな半殺しのケースがあった——。

喧嘩担当が一人で歩いているとチンピラ3人組に絡まれた。

目が合った、肩がぶつかった。1対3の有利な状況に気が大きくなっているチンピラたちが調子に乗って喧嘩担当を挑発する。チンピラたちは難癖をつけている相手が現役バリバリのやくざ、それも喧嘩担当であることに気がついていないようだ。

チンピラたちの傍若無人な振る舞いにもまったく動じない喧嘩担当。相手はただの酔っぱらいだ。チンピラたちを無視して通り過ぎようとした瞬間、チンピラの一人が禁断のフレーズを口にした。

「おい、てめえ、勝手に行こうとしてんじゃねえ。おれを誰だと思ってるんだ！　おれは○○組長の知り合いだぞ！」

チンピラにしてみれば相手をびびらそうと思って有名組長の名前を出したのだろう。効果は確かにあった。その名前を聞いた瞬間、喧嘩担当の表情が凍りついた。もし、組長の名前を出した相手を殴ってしまえば、それは組長に手を上げたことにもなるからだ。

喧嘩担当は携帯電話ですぐに事実確認。連絡を受けた○○組長の関係者は「そんなやつは知らない」と答えたようだ。さあ、これでもう遠慮は無用である。

ぶち切れた喧嘩担当がチンピラたちをあっという間に殴り倒す。チンピラたちがダウンしてもおかまいなしに、頭や腹を蹴り上げる。このままだとチンピラたちが死ぬのでは、とまわりが心配するぐらいの痛めつけ方だった。

チンピラたちも運が悪かった。自分たちが相手にした喧嘩担当は歌舞伎町でも指折りの猛者で、やくざになったいまも格闘技を習いながら身体を鍛えている喧嘩のプロフェッショナル。根性もすわっており、相手が誰でも、何人いても引くことはない。

そのため、少々やりすぎるきらいがあり、先日はついに左手の小指を詰めることになったようだが……。

やくざの名前を出すときは注意が必要だ。この話を教訓にしてほしい。

喧嘩は最初の30秒

「おい、いまどこだ？　これから風林会館の裏でやる（喧嘩する）ぞ！」

深夜1時すぎ。ぼくの携帯電話にある喧嘩担当から連絡が入った。セントラルロードにいたぼくはダッシュで風林会館に向かった。

歌舞伎町暮らしも10年が過ぎたころから、この手の電話がかかってくるようになった。それなりにぼくの存在が認知されたともいえるわけだが、そこにはやくざならではの理由があった――。

そう、やくざは基本的に目立ちたがり屋なのだ。

ある乱闘シーンの写真が雑誌に載ったときなどは、写真の中で大暴れしているご本人から「おまえ、もう少し俺だってわかるように雑誌に出せよ」とお叱りを受けることがよくあった。ご本人いわく、おれの顔にモザイクをかけ過ぎるな――と。

ある喧嘩の現場に駆けつけると「おい、ここから撮れよ」とギャラリーの中にいたやくざが絶好の撮影ポジションを譲ってくれることもあった。

昔なら野次馬に紛れて斜めに移動しながら最前列に割り込み、そこで撮影をしていたが、最近では現場に遅れて到着しても特等席が用意されていることもある。写真が撮りやすい環境になった、という意味では非常にありがたい話だが、迫力ある喧嘩の写真を撮るためには連絡をもらってから動いたのでは遅すぎる。喧嘩の場合、絵になる〝ホットな瞬間〟は最初の30秒しかないからだ。

喧嘩の写真で一番重要なもの――それは緊張感だ。両者が睨み合い、掴み合い、殴り合う。この過程に予定調和など一切ない。

そもそも、喧嘩はハプニングの要素が強い偶発的な事象。それゆえに、一報が入ってから現場までダッシュで駆けつけても間に合わないケースが圧倒的に多い。

特に喧嘩の現場に警察が来てしまうとあの独特の緊張感が解けてしまうので絵にならなくなる。これが事件の現場なら撮りようがあるが、喧嘩の写真としては撮りようがない。

絵になるといえば、入れ墨が見えている人物の喧嘩は写真にインパクトが出るが、喧嘩そのものには迫力がないケースが多い。自分でYシャツのボタンを引きちぎって入れ墨をアピールするようなチンピラは喧嘩が弱いから相手を威嚇するためにわざと見せつけるのであって、強い人ほどそのような行動には出ない。

結局、喧嘩のシーンは歩き回っている途中で偶然発見するしかない。怒声や人だかりを見つけたら無駄足を覚悟でダッシュして駆けつける以外にベストショットを撮る方法はない。

喧嘩は最初の30秒が勝負――。喧嘩の当事者にとってもカメラマンにとってもそれは同じなのだ。

緊張感が違う「やくざ対やくざ」

歌舞伎町で発生する数多《あまた》の喧嘩の中で、最も緊張感があるのがやくざ対やくざの喧嘩だ。

ただ粋がってるだけのチンピラや、酔っぱらって気が大きくなっている若者ではやくざの喧嘩相手としては不十分。大抵の場合が血だらけになって道路に這いつくばることになる。

やくざ対やくざの喧嘩は緊張感が違う。殺気が伝わってくる。組織のメンツやシマを身体を張って守るのが仕事であるやくざと、ただ肩がぶつかったというような一時的な感情で喧嘩をする一般人とはそもそも次元が違うのだ。

歌舞伎町をテーマにした雑誌の記事や書籍などでは、やくざ対やくざの喧嘩はお互いの組織の名前が出たらそれ以降は幹部同士の話し合いになり、殴り合いにまで発展することはほんどないと書かれていることが多い。

確かにそういうときもある。ぼくが歌舞伎町の撮影を始めた90年代後半に比べて、2000年代はやくざ同士の乱闘が目に見えて減っている。景気が良くて、金回りがいいときは喧嘩も多いが、不景気の時代は金回りが悪いので喧嘩の種がなく、喧嘩をしても大きな利益がないので極力避けているのかもしれない。

だが、最前線の現場ではそんな理屈は通用しない。ぼくの経験上、半数近くはお互いが名乗り合う前にかっと頭に血が上ったやくざが手を出しており、そうなると殴ったやくざも殴られたやくざもひっこみがつかなくなる。

晩秋の深夜、ぼくはこんな場面を目撃した――。

「てめぇ、この野郎、殺すぞ！　おれを誰だと思ってんだ！」

東通りの路上。出刃包丁を振り回しながら一人のやくざが叫ぶ。相手は3人。こちらもやくざのようだ。両者とも酒に酔った様子はない。喧嘩の原因はわからないが抜き差しならない状況になっているようだった。

息を飲む場面に出くわしたぼくはびびりまくっていた。一眼レフカメラをバッグから取り出すことができずに成り行きをただ見つめることしかできなかった。

「ほら、来てみろよ！」

「刺してみろ、この野郎！」

3人組のやくざが出刃包丁を持つやくざを挑発する。両者の間合いが徐々に詰まっていく。先に動いたのは3人組のほうだった。3人組の一人が近くにあった自転車を持ち上げ、出刃包丁を持つやくざを威嚇した。

出刃包丁を持つやくざは動じなかった。目が完全にすわっており、いまにも斬り掛かっていきそうな気配を出している。あのやくざは本気で刺すつもりだ――このまま両者が衝突すれば死者が出るかもしれない……。危険な空気が現場を支配していく。

その空気を察知したのはぼくだけじゃなかった。自転車を持ち上げた一人が出刃包丁を持つやくざに自転車を投げつけると、それを合図に3人組は逃げ出した。

「待て、クソ野郎！」

出刃包丁を持つやくざは逃げる3人組の背中に罵声を浴びせたが、さすがに追いかけることはしなかった。気迫の勝利というやつだろうか。ぼくはやくざの迫力にあらためて驚いていた。

しかし、それ以上に衝撃的だったのは、出刃包丁を持つやくざが何事も無かったかのように近所の食堂へふらっと入ったことだ。借りていた出刃包丁を返しにでもいったのだろうか。

背広姿のやくざが路上に倒れたやくざの顔をまるでサッカーボールでも蹴るように、何度も蹴り続けていた。倒れたやくざの前歯は全部折れ、顔面は血だらけ。それでも蹴りは止まらない。しばらくすると倒れたやくざは口から泡を吹きながら失禁――白いズボンが血と尿の色に染まっていった。

ぼくは韓国海兵隊の出身なので血に対する恐怖心はない。流れ出る血を見ても精神的なダメージを受けることはほとんどないが、このときはやくざの暴力に圧倒されていた。カメラを持つぼくの手は自然に震えていた――。

喧嘩のきっかけは些細なことだった。後日、関係者から聞いた話によれば、クラブで飲んでいた背広姿の5人組に倒れていたやくざの3人組が難癖をつけてトラブルに発展。店内で両者による殴り合いがはじまり、店の外に出ると背広姿のグループに仲間が加勢して3対5の構図が3対10となった。

圧倒的に不利な状況になってしまった3人組は、一人が逃走、もう一人は数名に袋叩きにされてしまい大の字になって伸びている。残された一人は、最後まで抵抗していたようだが背広姿のやくざにぼこぼこにされてしまい、気絶してもなお蹴られ続けていた。

凄惨な現場には、背広姿のやくざの怒声と倒れたやくざの顔面を蹴り上げる鈍い音が響いていた。背広姿のやくざは怒りで歯止めが利かなくなっている――危険な状況だ。

警察や消防にはとっくに通報が入っているがサイレンはまだ聞こえてこない。背広姿のやくざを止めようとする人間もいない。

やくざ同士の喧嘩の仲裁に入ったり、倒れているやくざを介護することは怖くて通行人にはできるわけがない。ぼくでも近づくことをはばかる。だから、やくざ同士の喧嘩はとことんまでいってしまう。ケガ人がいてもパトカーや救急車が来るまでは放ったらかしになってしまうのが現実だ。

倒れたやくざは救急車で運ばれていったが、その後、どうなったかは知らない。歌舞伎町交番にそれとなく聞いてみたが教えてはくれなかった。

ぼくはあのやくざは死んだと思っている。あれだけやられたら、おそらく生きてはいないだろう。まさに、この街は戦場だ――。

やくざはお互いに自分たちが生き残るために闘っている。それは戦争と同じ構図だ。相手を殺さなければ、自分が殺される。歌舞伎町では、生きるか、死ぬかのサバイバルゲームが今夜もどこかで行われている。

石の上にも3年、歌舞伎町にも10年

カメラをぶら下げて歌舞伎町を歩いているだけで、いきなり殴られたり、蹴られたりすることはよくある。

やくざや客引きに暴力を振るわれたとしても、ぼくはじっと耐えて我慢するしかない。もし、反撃でもして騒ぎを起こしてしまえば、確実にこの街にはいられなくなる。ぼくのことを疎ましいと感じていた連中は、むしろそれを狙ってぼくに嫌がらせをしていたのかもしれない。

特に嫌がらせが酷かったのは、この街に通い出した1998年から2000年ごろまでだった。このころは本当によくやられた。すれ違いざまに罵声を浴びせられたり、小突かれることは日常茶飯事。理由もなく引きずり倒されることもあった。

数人に囲まれてカメラを奪われるとそのまま地面に叩きつけられたり、投げ捨てられたり――これまでに、一眼レフカメラだけで5回以上は壊されている。修理できずに泣く泣く廃棄したカメラも4台あった。当時はフィルムだったのでカメラの裏蓋を勝手に開けられてフィルムを抜かれることもしょっちゅうだった。

喧嘩の輪に飛び込んでいくときも細心の注意を払っているつもりだが、巻き添えを食って暴行を受けることはたびたびあった。ギャラリーに紛れている仲間たちが曲者

で、写真を撮影しているぼくの背中に「邪魔だ！」と言いながら蹴りを入れてきたり、突き飛ばしてくるのだ。

理不尽ないやがらせや暴力を受けるたびに、「ぼくは何でこんなことをやっているんだろう」と自問して落ち込むことになるが、いい写真さえ撮れていればすべてが吹っ飛ぶ。殴られようが、蹴られようが、いい写真が撮れれば痛みすら快感に変わる――。これはカメラマン特有の「病気」みたいなものだろう。

つい先日も、売春婦の一人にケツ持ちを呼ばれてしまい、ハイジアの脇でぼくは4人のやくざに囲まれてしまった。

ぼくは同じ説明をくり返した――ぼくは歌舞伎町をテーマにして写真を撮っているカメラマンです、と。それはもはや説明というよりは説得だったのかもしれない。ケツ持ちたちは話をほとんど聞かずにこう怒鳴った。

「おまえ、二度とここに来るな。次に見かけたら殺すぞ！」

面と向かって「殺すぞ！」と言われるのは、最初のうちはさすがにびびっていたが、毎日のように言われていると、すっかり免疫ができてしまうから不思議だ。もはや、ぼくにとって「殺すぞ！」は「こんにちは」みたいなもの。その程度の脅しには慣れっこになってしまい「はい、わかりました」と軽く聞き流すようになっていた。

後日、同じ場所で、同じやくざとばったり出会ってしまうと、お互いに「あっ！

あのときのカメラマン（やくざ）だ！」という表情はするものの、そこでまた一悶着《もんちゃく》があるわけではなく、そのまま何事も無く通り過ぎる。ぼくにしてみれば、これでまた一人、やくざと顔見知りになることができたわけだ。

このようにして、ときには痛い思いもしながら、ぼくは顔見知りの数を少しずつ増やしていった。その成果が出始めたのは、歌舞伎町に通うようになって10年が経ったころだ。そのころになると、ぼくの存在はだいぶ認知されるようになり、理不尽な嫌がらせを受ける回数は格段に減った。日本の諺《ことわざ》をもじれば、石の上にも3年、歌舞伎町にも10年である――。

ただし、嫌がらせがゼロになったわけではない。歌舞伎町歴が15年を超えてからもトラブルになることはままあった。それはこの街で、この街の住人にレンズを向けるカメラマンの宿命なのかもしれない――。

「てめえ、勝手に写真なんか撮ってんじゃねぇぞ！」

酔っぱらっているやくざをコンパクトカメラで撮影していたら、突然激怒。カメラを奪われて路面に叩きつけられてしまった。このときはメモリーカードが無事だったのでカメラ本体は壊れてしまったが画像データは生き残っていたのでまだましだった。

普段、割と友好的なやくざであっても何かの拍子で豹変する。それがやくざだと思う。道ばたで会えば冗談を言い合う間柄のやくざであっても、揉めているときに近づき過ぎると「てめえ、いくら知り合いとはいえ、こんな場面を撮ってんじゃねー。次は殺すぞ！」と怒声が飛んでくる。だから慎重に間合いを詰めながら撮らないと、その場で巻き添えを食うだけじゃなく、後日、トラブルになってしまうこともある。

やくざを撮るときに重要なのは「距離感」だ。これぱかりは自分で傷つきながら覚えた感覚なので、これ以上は具体的に説明することができないが、ぼくはやくざや警察、この街の住人たちとつきあうときは常にこの「距離感」を意識している。

やくざと個人的につきあってみると、案外、いい人が多くて「やくざ＝怖い」というイメージとのギャップに驚くことがあるが、やくざはやくざだ。調子に乗って近づきすぎると、あっという間に取り込まれてしまう「怖い存在」であることを忘れてはならない。

やくざに拉致られた！

２０００年の初頭。平日の明け方——東通りの人影はまばらだった。

ぼくは少し離れた場所からニコン・Ｆ３にセットした２００ミリの単焦点・望遠レンズで激しい口論をしている男たちの様子を伺っていた。

全身から威圧感を発散している男たちの怒号が聞こえてきた。まちがいない、男たちはやくざだ。ピリピリしている空気の波動を感じて手の平が汗で湿ってきた。一触即発の現場——派手な乱闘劇になるかもしれない。ぼくは望遠レンズから24ミリの広角レンズに素早く交換した。

それからは、なかなか動きがなかった。怒鳴り声は聞こえてくるものの、喧嘩特有の小突いたり、掴み合ったりがない。何か変だ——気づくのが遅かった。ふと、視線を感じて後ろを振り向くと、そこには二人組のやくざが立っていた。

「てめえ、何だよ?」

先輩やくざがドスの利いた声で挑発してきた。ぼくは慌てて答えた。

「あ、すいません。何でもないです」

「いいから、ちょっとこっちに来いよ!」

こっちに来い、と言いつつ自分からぼくのほうに近づいてくる先輩やくざ。ぼくはヘビに睨まれたカエルのように固まってしまい動けない。

「おいおい、このカメラは何だよ!」

先輩やくざが大げさな声を出すと後輩やくざも近づいてきて、ぼくのカメラとリュックサックのストラップをがっちりと掴んだ。これで完全に逃げられなくなった。振り向いた瞬間に逃げてしまえばよかった——。後悔したが、時既に遅し。

「ちょっとそこまでつきあえよ」

ぼくは先輩やくざと後輩やくざに両脇を抱えられるようにして強制的に歩かされた。行き先は不明。1歩踏み出すたびに絶望感が両肩にのしかかる。

あとでわかったことだが、口論をしていた男たちは全員が同じ組織のやくざだった。このときは、組織内でクスリ関連のトラブルがあり内輪揉めをしていたようだ。

数分歩いたところにある雑居ビルの前にたどり着くと、数名のやくざと合流。その中にはさっきまで口論していたやくざたちの顔もあった。

雑居ビルの1、2階ではホストクラブが営業をしていた。アップテンポのBGMが壁から伝わってくる。ホストクラブに飛び込んで助けを求めようとも思ったが、まわりをやくざに囲まれており何もすることができなかった。ぼくはホストクラブの脇にある階段を降りた。

そこは、やくざの事務所というよりは、倉庫のようなスペースだった。広さは6畳程度。扉は開けっ放しになっており、室内で目についたものはうす汚い折りたたみ式のベッドとソファ、小型冷蔵庫、年代ものの印刷機。床にはむき出しのDVDが無数に散らばっていた。

やくざに背中を押されてぼくは薄暗い室内に足を踏み入れた。すぐに異臭を感じた。生ものが腐ったような饐《す》えたにおいが充満しており、ぼくは思わず鼻と口を手で覆った。恐怖心で心臓が破裂しそうだった。

おどおどしているぼくの両肩を二人のやくざが凄い力で押さえつけた。ぼくは強制的に正座をさせられた。拷問という言葉が頭に浮かび、背筋が冷たくなった。その姿勢のまま、先輩やくざによる尋問が開始された――。

「とりあえず、おまえが持っているフィルムを全部出せよ」

ぼくを見下ろす先輩やくざ――ぼくの襟首を掴んでおもいっきり揺すってくる。

地下室に降りた直後、口論していたやくざを撮ったフィルムはカメラから勝手に抜かれていたが、先輩やくざはその他のフィルムも全部出せという。

それだけは阻止したかった。リュックサックの中にあるフィルムまで奪われてしまうとぼくは生活ができなくなる。

当時、ぼくは創刊したばかりの実話誌編集部から1カ月当たり500本のカラーネガフィルム（36枚撮り）を提供してもらっており、一晩で40～50本分の撮影をしていた。この日もリュックサックの中身は半分ぐらいが撮影済みのフィルムで、その中には実話誌で掲載される予定になっている写真のフィルムが何本もあった。

警察のスパイ!?

フィルムをやくざに渡すわけにはいかない――ぼくは必死になって抵抗した。

「それ（カメラから抜かれたフィルム）以外では、何も撮っていません……」

先輩やくざを見上げるぼく――恐怖と緊張と異臭で何度も吐きそうになる。先輩やくざがさらに大きな声でがなる。

「撮ってただろうが！」

「撮ってません……」

「それなら、おまえはあそこで何をしてたんだ！」

先輩やくざたちは、ぼくのことを警察のエス（スパイ）だと勘違いしているようだ。エスとは警察に銃器や薬物などの情報を提供する見返りに金やお目こぼしをせびるいわゆる情報屋のことだが、ぼくは警察のエスなんかじゃない。

「ぼく歌舞伎町をテーマにしている韓国人のカメラマンです……」
4、5人のやくざに囲まれて、いつ蹴りが飛んでくるかわからない状況だったがぼくはいつもの説明をくり返した。たぶんぼくの声は震えていたと思う。
「こいつか」

入り口付近で別の声がした。声の主は先輩やくざの兄貴分にあたる幹部やくざ。ゆっくりとぼくに近づくと先輩やくざと同じことを聞いてきた。

「おまえ、警察と関係ないのか？」

「はい。ぼくはただの韓国人のカメラマンです」

ぼくは財布から常時携帯が義務付けられている外国人登録証明書（当時）を取り出し、幹部やくざに提示した。幹部やくざは証明書を一瞥すると問いただしてきた。

「どこの社だ？」

「無所属のフリーです」

「あんな時間に何の取材をしてたんだ？」

「歌舞伎町をテーマにしています。だからぼくは毎日来て写真を撮っています」

「警察じゃないのに、なんでおれたちの写真を撮るんだ？」

「喧嘩になりそうだったのでそれを撮れればと……。ぼくはあなたたちが思うような悪い人間ではありません」

麻薬の密売という悪事を働いているやくざに対してこういうのも変だが、そんなことは気にしていられなかった。一刻も早く、ここから脱出したかった。

幹部やくざが「おい、もうフィルムは抜いたのか」と確認すると、先輩やくざは小声で「はい」と答えた。幹部やくざが腰を降ろしてぼくの目を見ながら言った。

「おい、帰っていいぞ。そのかわりもうこの辺をうろうろするのはやめろ。次におまえを見かけたらただじゃおかねぇからな」

いま振り返れば、やくざの常套句だが、このときは幹部やくざに素直に感謝した。

「すみませんでした」と詫びを入れるとぼくは解放された。地上に出ると空はまだ薄暗かった。監禁されている間は地獄のように長く感じたが、実際には1時間にも満たなかったようだ――。

やくざの誤解による拉致・監禁はこれ以外にもあと3回ほどあった。こいつはいつも歌舞伎町にいるやつなんだ、という認識がやくざを含めたこの街の住人たちに浸透していくまでは耐える日々が続いた。

「パリジェンヌ」射殺事件

2002年9月。区役所通りと職安通りの交差点近くにあるマンションの非常階段。2階と3階をつなぐ踊り場スペース――これだけの高さがあれば通りが一望できる。この場所は歌舞伎町に何カ所かある秘密の休憩スポットだった。ぼくはコンビニで買ったおにぎりにむしゃぶりつきながら通りを眺めていた。

2個目のおにぎりをひとくち食べたとき、けたたましいサイレンを鳴らした2台の白黒パトカーが目の前にある交差点を左折。区役所通りに入っていった。すぐあとに覆面パトカーも続いていた。連なって走るパトカーの進行方向には手前からバッティングセンター、風林会館、新宿区役所があり、突き当たりには靖国通りがある。今度は反対方向から来た白黒パトカーが急ハンドルを切りながら交差点を強引に右折した。

ぼくはパトカーのスピードが早すぎると思った。歌舞伎町を緊急走行するパトカーは決して珍しくはないが、そのときはパトカーの挙動に強烈な違和感を覚えた。

ぼくは食べかけのおにぎりを投げ捨てた。区役所通りをダッシュしながらパトカーの行方を追った――歌舞伎町で何かあったんだ！

前方に見える風林会館付近のビルがいくつもの赤色灯に照らされていた。風林会館まで残り100メートル――ぼくは通行人の間を縫うように全力疾走した。

現場は風林会館の1階――喫茶店「パリジェンヌ」。

周辺は歌舞伎町交番から駆けつけた警官や赤色灯を回転させたままのパトカー、数百人の野次馬たちでごった返していた。鈍い音がしたので振り向くと、区役所通りをUターンしようとした救急車がガードレールにぶつかっていた。経験豊富な救急隊員すら現場の異常な空気に混乱しているようだった。

パリジェンヌでいったい何があったのか――。区役所通りに面したガラス張りの店内を覗いてみると警官とやくざのグループが何か言い合いをしているように見えた。ぼくは状況が飲み込めず、周辺をきょろきょろと見回していると野次馬の一人が信じられないことを口にした。

「やくざが中国人に撃たれて死んだみたいだ」

まさか――自分の耳を疑った。信じられなかった。もう一度店内を覗いてみた。恐怖心よりも好奇心のほうが勝った。ぼくはガラス越しに店内を数枚撮影した。事件後、パリジェンヌは改装されて現在のように1階のフロアをドラッグストアと分け合うような形になっているが、当時は1階のすべてが喫茶店のスペースだった。

車道には信じられない台数のパトカーが集結しており、歩道には立ち入り禁止の規制がかけられていた。ぼくは花道通り沿いの正面入口に回り込み、担架で運ばれている血だらけのやくざが救急車に乗せられるシーンを撮影した。救急車がサイレンを鳴らしながら走り去ると、ぼくは写真を早く現像しなければ——と急に思った。

このタイミングでなぜそう思ったのかは自分でもわからない。予備のフィルムはまだあった。この場に残ってまわりの状況を撮影することができたはずだった。しかし、ぼくは靖国通り沿いにあるスピード現像の写真屋に向かって歩き出していた。途中、現場に向かっている大手メディアの記者やカメラマンたちとすれ違った。

写真屋まではわずか5分の道のりだったが、このときは果てしないほどに遠く感じた。足が震えてまっすぐ歩けない。20分以上もかかって写真屋にたどり着くと、ぼくは2本のフィルムを現像に出した。

一眼レフカメラでとなりのビルの階段から外の様子を撮影した分とガラス越しに店内を撮影した分。

ぼくはフィルムの現像が終わるまでの間、写真屋の前で震えながら待っていた。当時の記憶はほとんどないが、上着のポケットに入れっぱなしになっていた未開封のおにぎりを左手でずっと触っていた感触だけがいまも指先に残っている。

写真屋の店主さんは超特急で仕上げてくれた。「できましたよ」と合図をもらうまでに20分もかかっていなかったと思う。ぼくは現像袋を引きちぎるようにして撮影した写真を確認したが、ぶれぶれの写真が多かった――。

なんでだ!

ぼくは思わず叫んだ。これじゃプロ失格だ。激しい落胆と後悔。恐怖心に負けた自分を張り倒したかった。大きく息を吐き出したぼくは、意を決してもう一度現場に向かうことにした。今度は震えずにまっすぐ歩けた。

約1時間ぶりに舞い戻った現場周辺は、日本中のメディアが集結しているような騒ぎになっていた。新聞、雑誌、テレビの記者やカメラマンたちが現場を囲むように立っていた。

突然、ぼくの携帯電話が鳴り出した。ある週刊誌の編集者から「もしかしてパリジエンヌにいませんでしたか?」と問い合わせがあった。ぼくは正直に答えた。

「はい。すぐに駆けつけて写真を撮りましたがそれらは提供できません」

ある出版社の編集幹部からは、「1カット、50万円で買います」という普段とは2桁も違う信じられないオファーもいただいたが、ぼくは現場の状況や雑感などを口頭で伝えるだけにとどめておいた。正確にいえば、ぼくは自分が撮った現場の写真を出版社に提供できない理由があった。それは、現場で偶然一緒だった先輩カメラマンからの次のようなアドバイスだった。

「現場の写真はまだ出さないほうがいいよ。事件の状況がはっきりしていない段階で写真が出回るとトラブルになる可能性があるから。最悪の場合、きみは殺されるよ」

事件現場は時間が経つにつれて物々しい雰囲気になった。機動隊のバスや装甲車、3頭の警察犬も出動。職安通りは全面封鎖されてそこらじゅうが警察だらけになった。

警察は厳重警戒を朝まで解かず、警察犬を連れてラブホテル街や歌舞伎町内を捜索。ぼくはそれにずっと密着していた。家に帰ったときは朝の7時を過ぎていた。

当時の報道などによれば、事件当日の早朝午前5時ごろ、歌舞伎町内の飲食店で暴力団と中国人マフィアが乱闘して双方にケガ人が出たため、そのトラブルについて当事者同士がパリジェンヌで話し合いをしている最中に銃撃事件が発生した。

中国人側は6、7人。「話が違う」「喧嘩をするならいまからだ」などとリーダー格の男が日本語で叫ぶと、5、6人が隠し持っていた拳銃を一斉に発砲。暴力団側の一人は3発の銃弾を浴びて死亡、もう一人は両足を撃たれて重傷を負った。

事件後、暴力団側は「警察より先に中国人を捕まえろ」と動き、中国人が経営するクラブなどで催涙スプレーがまかれ、休業する店が相次いだ。中国人グループと親しかったとされる男性が刺殺される事件も起こった。

銃撃を指示した中国人マフィアのナンバー2ら銃撃事件に関与した10人近くのメンバーが殺人容疑などで逮捕され、実行犯には無期懲役の判決が下されている。

なお、この事件を契機に、警察を含めた行政機関が歌舞伎町の治安対策に本腰を入れるようになり、翌年から約1年も徹底的な取締りが続けられた「歌舞伎町浄化作戦」がスタートすることになった。

第2章　ライフルからカメラへ

7人兄弟の6番目

韓国の首都・ソウルから南西へ車で3時間ぐらい走ったところにある、慶尚北道《けいしょうほくどう》の奉化郡《ほんかぐん》がぼくの故郷だ。1967年10月、東京とほぼ同じ緯度上にあるこの地で、ぼくは7人兄弟の6番目(次男)として生まれた。

兄弟のうち男性はぼくと2歳年上の兄(長男)だけで、あとの5人はすべて女性。一番上の姉(長女)とぼくは12歳も年齢が離れている。少子高齢化が進んだ現代なら親子9人で暮らす権ファミリーは、日本のテレビ番組でよく特集されるような「にぎやか大家族」になるのかもしれないが、当時の韓国の地方ではよくある家族構成だった。

ぼくは高校を卒業するまで故郷で過ごし、1986年、大学への進学をきっかけに韓国の北東部にある江原道《こうげんどう》へ移り住んだ。当初はソウルにある韓国トップの国立大学であるソウル大学(日本でいえば東京大学)を志望していたが、勉強よりも運動が得意だったぼくには少しだけ、ほんの少しだけ点数が足らなかった——ということにしている。実際はレベルが高すぎて受験することすらできなかったけど……。

ちなみに、ぼくの母校がある江原道の西側は、日本における韓流ブームの火付け役となった人気ドラマ『冬のソナタ』のロケ地としても有名だ。

主人公のペ・ヨンジュンが演じる姜俊尚《カンジュンサン》と、ヒロインのチェ・ジウが演じる鄭惟珍《チョンユジン》が高校時代、初めてデートしたメタセコイヤの並木道がある春川市《チュンチョンし》の南怡島《ナミソム》などは、いまでも冬ソナ・ファンの観光スポットになっている。

大学生活と徴兵制度

江原道の東側にある私立大学の土木工学科（理系）に進学したぼくは、クラスメイトたちと勉強そっちのけで昼も夜も遊び回り、学生ライフを満喫していた。大学の周辺は、韓国でも有数の観光エリア。有名な海水浴場がいくつもある。親元を離れ、自由で気ままな一人暮らしをしていたぼくは、自分の部屋に男友達はもちろん、女友達だって連れ込み放題だった。

寝る間を惜しんで遊びほうけているぼくたちでも、大学2年生の秋ごろになると仲間内で集まるときの話題は決まっていた。

軍隊に入隊するのは、いつごろにしようか――。

ご存知のとおり、韓国は「徴兵制度」がある国だ。この制度は、韓国の成人男性に対して19歳から35歳になるまでの期間内に「30カ月（2年半）の兵役」を義務化している（当時。現在の兵役期間は「約2年」で部隊によって異なる）。

大学生時代といえば、人生の中で最も自由を謳歌するとき。有り余る時間とパワーをただ浪費することが青春である。そんなお気楽な毎日を過ごしている大学生にとって、「兵役期間をいつ過ごすか」という問題は当然ながら最大の関心事となる。

ぼくが大学生になったころは、大学2年生から3年生へ進学するタイミングで大学をいったん休学して陸、海、空軍のいずれかへ入隊。30カ月の兵役期間が終了したら大学3年生として復学するのが一般的で、ぼくを含めてほとんどの大学生がこのパターンを選んでいた。

最悪なことにぼくが入隊するタイミングを迎えたのは1988年だった。韓国人にとってこの年は、国民の悲願だった「ソウル・オリンピック」がついに開催されたときで、誰しもが忘れられないメモリアル・イヤーとなっている。

ソウル・オリンピックは、1964（昭和39）年の東京オリンピック以来、アジアにおける2度目の夏期オリンピックで、前年にはオリンピック開催を妨害するために北朝鮮の工作員が実行したといわれている「大韓航空機爆破事件」が発生した経緯もあるため、世界中から注目が集まっていた。

当時の韓国内は、オリンピックの準備でどこもかしこもピリピリとした厳戒モードになっていたが、街中はオリンピック初開催に浮かれてお祭りのような雰囲気だった。普段、スポーツ観戦とは縁がないぼくも、さすがにソウル・オリンピックは楽しみにしていたが、前述のように入隊時期と重なってしまったのだ。よりによって、なんでこんなときに……。自分の不運な境遇を呪ったりもした。

入隊時期は自分の都合で決められることになっているが、それは制度上の話であって、実際には先ほどのパターン以外に選択の余地はほとんどない。

入隊時期が近づくにつれ、大学の仲間たちと顔を合わせるたびに、「あんな束縛されるところには行きたくないよな」と本音をもらし、ひたすら愚痴をはくようになった自分がいた。一方で、一人でいるときは国の決まりだからしかたがないと納得し、どうせ軍隊に行くなら死に物狂いでがんばろうと奮起する自分もいた。

どちらもぼくであり、本当の自分なのだが、入隊という逃れられない現実と向き合えば、向き合うほど、自分の中である種の「覚悟」が生まれていた。この感覚は、徴兵制度が存在する国に生まれ、そこに漂う空気を吸い続けてきた者だけが共有できるスピリットなのかもしれない。

憧れの海兵隊

ついにそのときがやってきた。1988年3月、ぼくは大学2年生のカリキュラム終了後、大学に休学届けを提出。そして、どうせ軍隊に入るなら「海兵隊」しかないと考えていたぼくは、迷わず志願書を海兵隊の事務局へ送付した。

ぼくが海兵隊を志願した動機はいたって単純で不純だった。当時のぼく（21歳）に海兵隊に関する知識などあるわけがない。あるのはハリウッド映画やテレビドラマに登場するベレー帽姿の海兵隊員で、彼らはかっこいいから女の子に絶対モテるはず――という漠然とした憧れだけだった。

いまにして思えば、この程度のイメージしか持ち合わせていなかったので、自分の身体と根性を鍛えるには海兵隊の厳しい訓練がむしろちょうどいいぐらいだ、と高を括《くく》っていたのだろう。

海兵隊に入隊するには、月に2回ある募集に必要書類を応募し、丸一日かけて実施される時事問題などを答えるペーパーテストと100メートル走や腕立て伏せ、腹筋などの体力測定を兼ねた選抜試験に合格しなければならない。試験の倍率は約4倍（当時）。韓国軍は陸海空全体で約80万人（同。現在は約64万人）の規模だが、そのうち海兵隊員の枠はたったの3万人程度しかないため、海兵隊は他の部隊に比べて狭き門であった。

選抜試験の結果は、受験の10日後に自宅へ郵送されてきた。結果は「合格」だった。

やった！　これで憧れの海兵隊員になれるぞ！

ぼくは自分のベレー帽姿を妄想しながら、しばらくにやついていた。そして、それに飽きると今度は合格通知を仲間に見せびらかした。どうだ、すごいだろう。自慢げに語るぼくは、久しぶりの優越感に浸っていた。それが「地獄への招待状」であることを知らずに……。

このときぼくが配属された新兵訓練所には約４００人の訓練生がいた。海兵隊は月に2回の募集があることは前述したが、その募集の１回分でひとつの訓練生グループとなるので、海兵隊の場合、１年で合計24の新たな訓練生グループが誕生することになる。そして、６週間の訓練を終えるとようやく正式な海兵隊員になることができる。

血まみれの訓練生

ぼくら海兵隊に選抜された訓練生たちの軍隊生活は、６週間の新人訓練から始まる。

１９８８年3月下旬、ぼくは期待と不安を胸に、韓国南東部の浦項《ポハン》にある訓練所の正門前に立っていた。まわりには、ぼくと同期の海兵隊員の卵たち約４００人が、指定された集合時間までのわずかなときを見送りにきた両親や恋人、友人たちと過ごしていた。正門前には１０００人近い人々が一堂に会している。まるで何かのイベント会場のようだ。そこかしこから楽しそうな笑い声が聞こえてくる。

入隊式の開始時間まであと数分。ぼくはわざわざ見送りに来てくれた両親に別れのあいさつをすると訓練所の正門をくぐり抜けた。さあ、これから海兵隊の訓練が始まるぞ。少し緊張しながら振り返ると、両親が心配そうな顔をしてまだ手を振っていた。ぼくは手を振り返しながらもう一度「行ってきます！」と言うとそのまま人の流れに乗って訓練場内にある運動場へ向かった。

いきなり、ばたんと大きな音を鳴らして正門の扉が閉められると、運動場の中央に教官らしき男性が現れ、ホイッスルをピピーッ！　と鳴らした。そして、「全員、ここに並べ！」と号令をかけ、早くしろ！　とばかりに何度も手招きをしている。しかし、ほんの数分前まで家族や恋人と過ごしていたぼくたちは、突然並べと言われたところで、どうしたらいいのかわからない。とりあえず、みんなが向かっている運動場へそのまま歩いていくことぐらいしかできなかった。

そもそも、初めて訪れた訓練所は見るものすべてが新鮮だった。ついつい、まわりをきょろきょろと観察してしまうので歩くスピードはどうしてもゆっくりになる。なかには、「君はどこから来たの？」と女の子をナンパするみたいに気軽に声をかけているヤツや、煙草を吸いながら歩いているヤツもいた。ぼくはといえば、今夜は新人歓迎会のパーティーでもやるのかな……と、じつにお気楽なことを考えていた。その後も、ホイッスルが何度か鳴り響き、教官らしき男性が号令をかけていたが、ぼくら訓練生は何をするわけでもなく、だらだらと歩いていた。

そのときである。そんなぼくらの前に、謎の一団が突然現れたのは――。

目つきが異様に鋭い軍服姿の一団は、訓練生の指導を担当する現役の海兵隊員（指導係）だった。彼らは、無言のまま訓練生たちに近づくと、黒いテープが何重にも巻かれた長さ1メートルぐらいの金属製の棒（金属棒）で猛然と殴りかかってきた。

「ぎゃー！　やめてくれ！」

そこらじゅうから、訓練生たちの悲鳴や絶叫が聞こえてくる。なぜなら、指導係の殴り方はこつんと小突く程度ではなく本気も本気、訓練生を半殺しにする勢いで、おもいっきり金属棒を振り下ろしているからだ。しかも、倒れたり、うずくまっている訓練生にも容赦なく蹴りが入る。

まるで地獄のような光景だった。歯が折れたり、腕や足を骨折した訓練生は一人や二人ではない。あたり一面に、全身をめった打ちにされた血まみれの訓練生たちが、うめき声をもらしながら転がっている。

と、とんでもないところに来てしまった……。

金属棒でぶん殴られたところがずきずきと痛む。ぼくはその痛みに気絶しそうになりながら、思わずつぶやいていた。

このとき、身をもって知らされたのは、人間は血の色を見たり、血のにおいを嗅いだとき、瞬時にこれが夢ではなく現実であることを悟れるということだ。もしかすると、人間の本能は血に反応するようになっているのかもしれない。少なくとも、ぼくには海兵隊時代にそう思える機会が嫌というほどあった。

そして、ぼくたち訓練生の脳と身体には「痛み」という恐怖が強制的にインプットされていた。

使い古しの軍服に吐き気

人間は簡単に生まれ変われるものだ。つい数分前まであんなにだらだらしていた訓練生たちが教官の一声できれいに整列している。これが軍隊式なのか。痛みに支配された訓練生たちの顔には、さっきまではなかった緊張感がみなぎっている。ぼくも殴られた痛みを必死に堪えながら、直立不動の姿勢で教官の指示に全神経を集中している。

「全員、裸になれ！」

普段なら、いきなり何を言ってんだよ！　とつっこみを入れているところだが、このときは素直に従った。ぼくだけじゃない。すべての訓練生が教官の命令通りにその場でパンツ一丁の姿になると、端から順に訓練生用の軍服が配られ、「急いでそれに着替えろ！」と号令が飛んだ。

ぼくは支給された軍服を手に取って広げた瞬間に吐き気を催した。なんと、その軍服は、汗や泥などのにおいがたっぷりと染みついた誰かのお下がりだったのだ。冗談じゃない——こんな汚い軍服を着られるもんか。金を払うから新品に交換してくれ！　と叫びたいところだが、もし声をあげれば確実に金属棒で殴られる。それだけは絶対に避けたい。でも、こんな汚い軍服に袖を通すことも死ぬほど嫌だ。まさに究極の選択である。

しかし、ぼくを含めた訓練生の答えはすでに出ている——。汚い軍服を着るほうが殴られるよりはまだましだから、みんな息を止めて着替え始めている。こういう場合、精神的なダメージよりも、肉体的なダメージを恐れるものである。だって、汚い軍服を着ても身体は痛くならないから……。

入隊式が終わるとぼくたち訓練生はこれから寝起きする宿舎へグループごとに案内された。宿舎の一部屋に20人が押し込められたそのスペースには、二段ベッドが10組あるだけで他には家具らしきものが何もなかった。着替えるのも、荷物を置いておくのも、すべて自分のベッドの上だけである。もちろん、部屋内にトイレや洗面所はない。それらは、すべて共用である。

ぼくの部屋を担当する指導係が、訓練所や宿舎内のルールを説明し終えると、やっと食事の時間になった。食事と聞いて少しほっとすると、痛みと緊張で忘れていた空腹感が一気に押し寄せてきた。砂漠でオアシスを見つけたときのような心境でぼくは急ぎ足で食堂へ向かった。

くさすぎるメシ

正直、それは人間の食べ物とは思えなかった——。使い古しの軍服以上にぼくを悩ませたのは海兵隊式の食事だった。とにかく、くさいのだ。

普通、食堂に近づくとおいしそうなにおいが漂ってきて、ますますお腹が減るものだが、訓練所にある薄暗い食堂からは強烈な悪臭が発せられていた。そのため、初めて食堂に入った訓練生の中には、そのギャップに耐えきれず胃液を吐いてしまった者もいたぐらいだ。

ぼくは腹の虫が鳴いていたが、このくさすぎる食事には一切手をつけることができなかった。訓練初日のメニューは韓国家庭料理の定番である味噌チゲ（スープ）みたいなものと麦ごはん。それに付け合わせでキムチやカクテキなどがあり、これがまともな食堂ならごはんをおかわりしているところだが、このときは何も食べられなかった。もう何年も洗っていないような、油汚れや米粒がこびりついて黒ずんでいる食器を使うことがどうしてもできなかった。

軍隊生活の食事は、朝、昼、夜にちゃんと3回出される。当時の朝食は洋食スタイルでコッペパンが2、3個にジャムやハムなどが添えられていた。昼と夜はスープと麦ごはん、キムチがベースとなり、肉や魚といったおかずがもう一品付くときもあった。味はおしなべてまあまあであったが、食事が盛りつけられている食器がとにかく汚かった。鼻を突くにおいの発生源はこの食器にあった。

なぜ、食器がここまで汚れているのか。その理由はすぐにわかった。

海兵隊の食堂はセルフサービス方式で、自分が使った食器は自分で洗って返却するのだが、そのときにちゃんと洗わない不届き者がいるからだ。

彼らにしてみれば、洗い場に洗剤とスポンジがあるわけでもないし、もともと汚いからいまさら洗ってもしかたがないよ、ということなのだろう。ほとんどの訓練生が、食器をざっとすすぐだけなので、食べかすなどがこびりついたままとなり汚い食器がより汚くなってしまう。

結局、訓練初日の夕食と翌日の朝食はのどを通らなかった。その影響で訓練中にエネルギー不足で目の前が真っ白になり何度も倒れそうになってしまった。さすがにこのままでは死んでしまうと思い、その日の昼食は鼻をつまみながら、恐る恐る手をつけた。そして、その日の夕食からは汚い食器のにおいなど気にせず、ぺろっとたいらげるようになった。

これはあとになって知ったことだが、訓練生からの脱落者は食事の時間に一番出るという。やはり、訓練生活の中で唯一の楽しみである食事すら、まともなものにありつけないときの精神的ショックは大きく、入隊してから1週間経つまでは脱落者が続出する。ところが、その1週間が過ぎてしまうと自分からギブアップする者はほとんどいなくなる。最初の夜は同部屋の全員が眠れずに泣いていたが、数日後には寝具として支給されたぼろぼろのくさい毛布にくるまってイビキをかいている。

人間は極限まで追い込まれれば、どんなことにも慣れるのだ。

「失禁」の日々

敵国への上陸作戦を主な任務とする海兵隊は、すべての場面において上意下達が絶対とされ、部隊内の規律が重んじられている。部隊の統制が乱れれば、それは即、死につながる危険があるからだ。そのため、訓練といえども、個人の都合で自由にできることは何ひとつない。食事の時間はもちろん水を飲む時間や煙草を吸う時間、トイレに行く時間まですべて決められている。

まさかトイレまで？　と驚く人がいるかもしれないが、急にお腹が痛くなったのでちょっとトイレに……と持ち場を離れてトイレに行けるのはシャバの話であって、生きるか死ぬかの戦場でそれは許されない。放尿するときも上官の命令が必要なのだ。しかし、生理現象を予測することはできない。突然の便意や尿意に襲われることもある。はたして、そのとき海兵隊員たちはどうするのか——。

その場で漏らす。大小かまわずに、である。

もし、これが小学生時代なら、「お漏らし君」として卒業するまでイジメられてしまうかもしれないが、海兵隊員の場合、おしっこを漏らしている人はそこらじゅうにいるので笑いのネタにすらならない。さすがに、最初のころは大人になっておしっこを漏らすことに抵抗はあったが、我慢するにも限界があり、トイレ休憩はないのが当たり前だったので、そのうち何も気にせず漏らせるようになった。ぼくも訓練中に数えきれないほど漏らした。

ぼくら訓練生が入浴できたのは訓練が4週目に入ってから。それまでに軍服を1、2回着替える機会はあったものの、着替えるまでの期間は24時間、同じ軍服を着たままとなる。おしっこを漏らしたとしても、そのまま着続けなければならない。当然ながら、軍服は血と汗とおしっこのにおいが混ざり合い、この世の終わりを告げるような悪臭を発生させているが、あの汚い食器に慣れてしまったように、この汚い軍服にもやがて慣れてしまう。

さすがに、山中訓練で小さなテントに訓練生5人で重なりながら寝ることになったときは、5人分の悪臭がテントにこもってしまい寝るどころではなかったが……。

最悪の訓練と最高の仲間

それから、ぼくの中で最も厳しかった訓練として記憶に残っているのが、夜中に叩き起こされ、全裸にされたあげく、真冬の運動場に30分以上もただ立たされる、という訓練だった。

韓国の冬は極寒だ。この日も気温は氷点下。誰だって寒い外に出たくはない。まして裸で……。しかし、ここで躊躇《ちゅうちょ》したら大変なことになる。指導係の「全員、裸になって運動場に集合せよ」という命令に背いたことになり、あの金属棒でぼこぼこに殴られてしまう。痛みの恐怖に支配されているぼくたち訓練生は、寒さよりも痛さに怯《おび》え、急いで軍服を脱いで全裸になり集合場所の運動場に向かってダッシュした。

海兵隊員には何日間も熟睡しないことや寝ていてもすぐに起きられる能力が求められる。戦場という極限の世界においては睡眠中が最も無防備な状態で危険だからだ。そのため、この能力を鍛える訓練として就寝時間とされている夜10時から翌朝5時の間にも、無理矢理起こされることはたびたびあった。2、3時間しか寝かせてもらえない日が続いたことも何度もあった。

この日も睡魔と闘う訓練のひとつと思っていたが、様子がいつもと違っていた。全裸で運動場に集合した訓練生たちは寒さで身体を丸めていたが、鬼の指導係は「全員、両手を挙げろ」と号令をかけ、訓練生たちに隊列を組ませた。そして、バンザイをするような姿勢で寒さに震えている訓練生たちに、次々とバケツに入った水をぶっかけたのだ！

ガチガチガチガチガチ……。訓練生たちの歯が一斉に鳴り出した。あまりの寒さで気を失いそうになる。もうダメだ、限界だ……。意識がどんどん薄れていく。もはや、立っているのか、座っているのか、その感覚すらない――。

目の前が真っ暗になりかけたとき、聞き慣れた声がぼくの名前を呼んだ。

「おい、ゴンチョル！　がんばれ！　絶対に倒れるんじゃないぞ！」

はっとして意識が戻ったぼくがとなりを振り向くと、仲間が泣きながら叫んでいた。まわりをよく見れば、全員が泣きながら、お互いの名前を呼び合っている。みんなで励まし合っている――。ぼくがただつらくて、苦しいだけの訓練を耐えられたのは、仲間のおかげだった。

6週間後、ぼくは訓練所を卒業し、金浦《キンポ》にある海兵隊の第二師団に配属された。ぼくは射撃の成績が良かったこともあり、そこでは狙撃手（スナイパー）に選ばれ、特別な訓練を受けた。

あいかわらず、上官の殴る蹴るは日常茶飯事だったが、痛みへの耐性ができてしまうと早く殴られて楽になりたいという気持ちになる。これは、殴られる痛みよりも、殴られる順番を待っているときの恐怖心のほうが勝るからだ。人間、身体の痛みは耐えられても、心の痛みは耐えられないものである。

海兵隊で過ごした2年強で、ぼくは左右の肋骨を1本ずつと左手の小指と薬指を1回ずつ骨折したので思い出の痛い話はつきない。スナイパーの訓練内容など、お伝えしたいことはまだまだあるが、それを書き出すと歌舞伎町ではなく韓国海兵隊の本になってしまうので、それらはまたの機会にゆずるとしよう。

1990年6月、兵役期間を終えたぼくは海兵隊を除隊した。

学生運動の中心人物に

地獄の海兵隊生活から開放されたぼくは、すっかりシャバの空気に馴染んで身も心も弛緩《しかん》していた。始めの1カ月ぐらいは「軍隊ボケ」が残っており何をするにもきびきびと動いていたが、それも時間が経つにつれて段々と薄れていった。

ぼくの場合、除隊のタイミングが6月だったため、休学中の大学に3年生として復学する翌年3月までに9カ月間も空白の時間があった。その間は、大学生らしくアルバイトをしながら友人たちと遊んで暮らしており、それなりに楽しい毎日であったが、ぼくはどこか物足りない日常に漠然とした不安や不満を感じていた。いま思えば、このときのぼくは、バーンアウト・シンドローム（燃え尽き症候群）だったのかもしれない。

1991年3月、復学した大学のキャンパスでそんな鬱屈したぼくを待っていたのは、頭にはちまきを巻き、鉄パイプと火炎瓶を手にする学生運動のメンバーたちだった。

当時の韓国は、盧泰愚《ノテウ》大統領のいわゆる軍事政権時代。韓国全土の大学で、政府と学校の民主化を求める学生運動がピークを迎えており、連日のように警官隊と学生のデモ隊が衝突していた。

熱中できるものを探していたぼくは、自然とデモの隊列に参加するようになり、いつのまにか過激派グループの一員として活動するようになっていた。警官隊が投擲《とうてき》した催涙弾で目を負傷してしまい、しばらくは目に眼帯をしながらシュプレヒコールを叫んでいたときもあった。

そのうち、ぼくはデモ隊のメンバーとして何度も警察に連行されるようになり、やがて要注意人物として大学内のブラックリストに登録されてしまった。そのため、この年（大学3年生）の通知表はすべて「F」というAから始まる6段階評価のうちの最低評価だった。F評価の科目は単位取得ができない。ぼくの場合は全科目がF評価だったので、この年に取得した単位はゼロということになる。

日本の大学は、毎年の進級に必要な単位数があらかじめ定められており、その単位数に満たなければ進級できずに留年するシステムのようだが、韓国の大学は日本の大学に比べれば進級については寛大だった。ぼくのように取得単位がゼロの学生であっても、とりあえず4年生に進級はできた。ただし、卒業するために必要な単位数は定められているので、ぼくの場合は4年生に進級はできても卒業は絶望的だった。

4年生をあと3回ぐらいやらないと大学を卒業できないな……。ぼくとしては大学の卒業資格はどうしても欲しい。でも、4年生を留年すれば嫌いな勉強をする時間が増えてしまい、授業料もかさんでしまう。授業料などの学費は半分ぐらいを奨学金で払っていたが、残りは両親に負担してもらっていた。これ以上、両親に負担をかけるのは無理だし、ぼくはどうすればいいのだろうか。悩むぼくに大学サイドから意外な提案があった。

1年間、休学せよ——。ぼくが取得した単位数での卒業は夢のまた夢。それなのに、なぜ大学サイドはこのような提案をしてきたのか。不審に思い、態度を決めかねているとさらにたたみかけてきた。休学すれば翌年に卒業させてくれるというのだ。

大学サイドとしては学生運動で荒れ狂っている校内を沈静化させるために、ぼくのような中心人物を厄介払いしようとしたのかもしれない。理由はなんであれ、ぼくにしてみれば渡りに船の申し出だった。ぼくは卒業の条件である1年間の休学を受け入れ、この期間を使ってこのころ学生運動と同じくらい関心を持っていた海外旅行を経験してみようと思った。

こうして、せっかく復学した大学に再び休学届けを提出。ぼくは人生初の海外旅行先として大学時代の友人が留学していたお隣の国、日本へ飛び立った。

牛丼の衝撃

未知の国・ニッポンは、ぼくにはやさしくなかった——。

ぼくは日本語の専門学校に通うフリをして修学ビザを取得していた。いまなら（いまでも、ですね。ゴメンナサイ）、この「通うフリ作戦」は御法度だが、当時は韓国人留学生に対しておおらかな時代だった。

1992年の春先から半年間、ぼくは日本に留学中の友人宅に居候をしながら過ごしていたが、その毎日は日本の物価の高さに面食らい、翻弄されていた。

来日するときはぼくなりにある程度まとまった金額を用意してきたが、訪日1カ月で滞在費用は底をついてしまい、ぼくは友人の紹介でチラシを1枚ずつポストに配るポスティングのアルバイトを始めた。そうしなければ、夕食に牛丼1杯が食べられないからだ。

余談だが、ぼくは日本の牛丼を初めて食べたときの衝撃が、いまでも忘れられない。あの値段で、あの味と、あのボリューム。貧乏学生でも連日食べられる牛丼にぼくは病みつきになった。歌舞伎町カメラマンとして日本で暮らすようになってからもよく食べている。

残念ながら、本格的な焼き肉料理を好む韓国人にはウケが悪いのか、韓国内では知名度がイマイチ（一時期、日本の大手牛丼チェーンが韓国に出店していたがいまは撤退している）だが、ぼくは世界に誇る日本のファスト&ソウルフードのひとつだと本気で考えている。

歌舞伎町カメラマンになっていなければ、ぼくは日本で修行して、牛丼御三家になららい韓国で「ゴン家」という牛丼店をオープンしていたかもしれない。それぐらい、ぼくは牛丼が大好物なのだ——。

ぼくが始めたポスティングの日給は4000円ぐらいだった。なんで日本にまで来て働かなければいけないんだ……と悩むときもあったが、せっかく異国に来たんだから、もう少しいろいろな場所へ行ってみたいという気持ちのほうが強く、そのためにはアルバイトをしてお金を稼ぐしか方法がなかった。しかも、このアルバイトなら日本語が話せないぼくでもできるので、ぼくは必死になってチラシをポストに配り続けた。

日本に滞在中はアルバイト三昧の日々を送り、友人らと関東にある観光名所もいくつか巡ってみたが、結局、一番心に残っているのはアルバイトで苦労した思い出だった。そして、この思い出の地を再訪することになろうとは、この時点では知る由もなかった。

韓国に帰国したぼくは、翌春、大学4年生として復学。そこでぼくは運命の写真と出会うことになる。

ある写真との出会い

意外と思われるかもしれないが、ぼくは大学4年生の夏まで一眼レフはもちろんコンパクトカメラさえ持っていなかった。

カメラマンといえば、カメラ好きの親の影響を受けて幼いころから見よう見まねで撮影していた——というようなエピソードをよく聞くが、ぼくはカメラとほとんど縁のない子供時代だった。そんなぼくがカメラの魅力に取り憑《つ》かれたのは、ある写真に出会ってしまったからだ。

１９９3年の春、大学に復学したぼくはヒマを持て余していた。これといってやることはなく、だらだらと時間だけが過ぎていった。あれだけ盛り上がっていた学生運動も下火になり、そのときのトレンド、いわゆる流行ものとしてデモに参加していた連中はあっという間に消えていた。ぼくはといえば、国家権力や大企業などの腐敗に対する漠然とした怒りや不安を内面に抱えていたが、それをどのように表現すればいいのかわからず、いつも気分がもやもやしていた。

ふと、そんなとき、休学前に参加していたデモで知り合った先輩たちから、ソウル市内にある「写真研究所」を紹介された。同所は、学生運動などのいわゆる市民活動を撮影し、記録することを主な役割としている。現在の日本でいうところの市民オンブズマンのような集団だった。

ヒマだし、とりあえず行ってみるか。ぼくは遊びに行く感覚でソウルにある同所の事務所を訪れた。

事務所内の壁にびっしりと飾られていたモノクロ写真をなにげなく見回していたぼくは、1枚の中判写真に目が釘付けになった。理由はわからない。その写真を見た瞬間、ぼくの中に衝撃が走った。

地下１５０メートルの真っ暗な世界。

そこで働く炭坑労働者を照らし出す、一筋のストロボ光。

泥だらけの労働者の額には汗が輝いていた――。

その写真を撮影した先輩によれば、被写体となった労働者は、ある大企業に勤めていたエリートサラリーマンだったが、ほんの些細なミスで会社をリストラされてしまい、家族を養うために危険な炭坑で働くようになったという。

わざわざ重くて大きい中判カメラを持って炭坑内まで撮影しに行った先輩の姿勢に感動しつつ、ぼくはあらためて、その写真にじっくりと見入った。なんだろう、この強烈なインパクトは。炭坑労働者のえも言われぬ表情が、ぼくの目に焼きついて離れない。自宅に帰っても、寝ても起きても、1週間経っても、ぼくの脳裏には炭坑労働者の写真がちらついていた。

これが、写真の表現力なのか――。ぼくは写真の持つ力に魅了され、写真の世界をもっと知りたいと思った。幸いなことに、同所には世界的に有名な報道カメラマンの写真集が資料として多数保管されていた。ぼくは同所に通いつめ、写真集を片っ端から手に取り、1ページずつ穴があくほど見つめた。

世界中のあらゆるところへ、例え危険な場所であっても、そこへ行かなければ撮れない写真がある。そして、その写真を撮るのが報道カメラマン。ぼくは報道カメラマンが持つ使命感の尊さに感動し、いつの日か、ぼくもこんな写真が撮れるようになりたいという気持ちが日増しに強くなっていた。

そこでぼくは、アルバイトをして自分用の一眼レフカメラを買うことにした。このときぼくが選んだアルバイトは元海兵隊の経歴が生かせる海水浴場のライフガード。海兵隊時代にみっちりと叩き込まれたので泳ぎには自信がある。しかも、海水浴場を管轄する自治体から危険手当が出るのでライフガードのアルバイト代はそれなりに高給だった。

こうして、ぼくは大学4年生の夏に1カ月半アルバイトして貯めたお金で人生初となるふたつの大物を購入した。ひとつが、子供のころから憧れていた大型バイクの「ハーレーダビットソン」。もうひとつが、一眼レフカメラの「ニコン・FM2」である。もちろん、ふたつとも中古の安物だが、ぼくにとっては宝物だった。ぼくは肩にニコン・FM2をぶらさげながら、ハーレーに乗ってどこへでも行った。フィルム代とガソリン代を捻出するために、大型ダンプの運転手のアルバイトをしながら、大学の授業はそっちのけでハーレーを走らせ、ニコン・FM2でさまざまな被写体を撮り続けた。

結局、就職活動はまったくせずにぼくは大学を卒業した。

それから約1カ月後——。

忘れもしない、1994年4月5日。ぼくは写真を本格的に勉強するため再び「日本」へ向かった。

運命の一言

少し時間を戻して、ぼくがもう一度日本へ行くことを決めた瞬間を振り返りたい。それは、大学4年生の夏のことだった。

韓国内でも写真の技術と知識を勉強することはできるが、ぼくはあえて隣国、日本でチャレンジすることを選択した。

それはいくつかの偶然が重なった結果だが、最大の要因はぼくが尊敬していた「写真研究所」の先輩カメラマンが政治犯として警察当局に捕まり、投獄されてしまったことにある。

その先輩カメラマンは、いわゆる「バリバリの活動家」だったが、カメラマンとしてのセンスも抜群だった。前述したぼくが報道カメラマンを目指すきっかけとなった炭坑労働者の写真も、その先輩カメラマンが撮影した1枚であった。ぼくにとってその先輩カメラマンは憧れの存在だった。

警察当局は同研究所も摘発の対象としており、同所に保管されていたカメラやフィルム、これまでに撮影された貴重な写真など資料一式を没収。先輩カメラマンを含めた関係者らが囚われの身とされてしまった。この一報を聞きつけたぼくは、先輩カメラマンを励ますために刑務所へすぐ駆けつけた。面会室の金網越しに対面した先輩カメラマンは、自分のことよりもぼくのことを案じて、こう助言をしてくれた。

「おまえ、カメラマンになりたいのか?」

「はい。先輩のようなカメラマンになれればいいなと思っています」

「そうか。それで写真の勉強はしているのか」

「あ、いえ、これから勉強を始めようかと……」

「それなら海外へ行け」

「え? 海外ってどこですか?」

「自由に写真が撮れる日本に行って勉強してこいよ!」

「ニ、ニッポンですか!?」

すでにお伝えしたとおり、ぼくは前年に半年間ほど日本に滞在した経験があるので、このときのぼくにとって日本は海外の国という感覚がほとんど無かった。日本だと韓国からの距離が近すぎるのだ。海外の国といえば、韓国と同じアジア圏ではない欧米諸国のイメージが強かった。

それに、どうせ写真を勉強するために海外留学するなら、当時の世界的な通信社(アメリカのAPやUPI、フランスのAFP、イギリスのロイターなど)の本拠地がある国へ行ってみたかった。なかでも、フォトジャーナリズムの本場ともいえるアメリカは憧れの地だった。

しかし、渡航費の問題でアメリカ行きは現実的な話ではなかった。目的地が日本なら当時から激安ツアーパックがありなんとかなるが、アメリカ行きの運賃はべらぼうに高くぼくでは手が出せなかった。また、当時の韓国人カメラマンたちの3割ぐらいは日本で写真の勉強をしており、韓国にいながら日本の留学先などの手配が割と簡単にできるという事情もあった。

大学4年生だったぼくは、このときまで卒業後の進路を決めかねていた。閉塞感が漂う社会に飛び出すことには抵抗感があり就職活動をしていなかった。かといって、このまま大学に残って大学院へ進学するほど勉強が好きではないし、そもそも、そんなに頭が良いわけではない。ぼくはただ、なんとなく、将来はカメラマンになって飯が食えれば……と考えていた。

そんな宙ぶらりん状態のぼくに浴びせられた先輩カメラマンの「カメラマンになりたいなら日本へ行け！」という一言は、強烈なストレートパンチだった。不意に一発食らったぼくは目が覚めたような気分になり、「よし、もう一度日本へ行ってみよう！」と決意することができた。

カメラマンになる、と目標を決めてしまえばあとは行動あるのみ。せっかちな性格のぼくは、翌日には卒業後すぐに日本へ渡れるようにするため、関係機関を回って申請手続などを始めた。

前年、日本に半年間滞在したときは、アルバイト代が貯まると友人たちとレンタカーで日本全国へ遊びに行っていた。1カ月アルバイトして、1カ月遊ぶといったサイクルで過ごし、アルバイトも遊びも常に一緒だった友人たちはみんな韓国人。ぼくは半年間も日本にいながら日本語を話す機会がほとんどなかった。つまり、ぼくは日本語がチンプンカンプンだったのだ。

そんなぼくが、日本にある写真の専門学校にいきなり入学できるわけがない。ぼくは日本で写真を勉強するために、まずは東京・池袋にある全寮制の日本語学校へ通うことになった。

留学生ブローカー

ぼくは約1年半ぶりに降り立った成田空港の景色に懐かしさを感じていた。

成田空港までの道中は、ソウル市内にある学生留学センターで紹介された「池袋の日本語学校」へ通うことになるぼくを含めた3人の同級生が一緒になって行動していた。来日したばかりのこの日は、成田空港から電車を乗り継ぎ池袋駅まで行き、同駅の東口にある銅像前で日本語学校の関係者と合流する段取りになっていた。

ぼくたちを迎えにきた日本語学校の関係者だという小汚いオッサンは、韓国語で

「学校は明日から。いまから寮に案内する」とぶっきらぼうに言うと、そのまま池袋駅の改札口にすたすたと歩いて行ってしまった。どうやら、俺について来い、ということらしい。ぼくらは慌てて荷物を担ぎ上げ、オッサンの後ろ姿を追いかけた。

これは後でわかったことだが、このときのオッサンは日本語学校の関係者ではなく、留学生ブローカーだった。当時は訪日希望の韓国人に対する留学ビジネスの全盛期。送り手側の韓国にも、受け手側の日本にもこの手のブローカー連中が大量発生していた。一部では、「留学詐欺」を働くブローカーも暗躍していたので、授業料などを支払うときは特に注意が必要だった。ちなみに、ぼくは今回の留学にあたり、日本語学校の入学金と半年分の学費としての40万円と半年分の寮費としての40万円をすでに納付しており、渡航費や紹介料などをもろもろ合わせると100万円以上もかかっている。

ぼくたちが通うことになる日本語学校は池袋にあったが、ぼくたちが暮らすことになる学校の寮は池袋駅から東武東上線の急行に乗って約10分のところにある「成増駅」が最寄り駅だった。

成増駅で降りたブローカーのオッサンは、無言のまま20分ぐらい歩くと突然立ち止まり、「ここが寮だ」と築40年は経っていそうなマンションを指差した。

へぇ～、ここが寮なのか。外観はそうとうおんぼろだけど部屋はけっこう広そうじゃない。

案内されたぼくたちは、5階建てのマンションを見ながら、自分はどの部屋を割り当てられるのか脳内でシュミレーションをしていた。ぼく的には、日当りが良さそうな角部屋が理想だが、ここの寮は個室ではなく相部屋なので、部屋の位置よりもルームメイトのほうが気になっていた。

すると、ブローカーのオッサンが、めんどくさそうに「みんな104号室だから」と言い放つと、自分はお役御免とばかりに来た道を足早に戻っていってしまった。

部屋の説明どころか部屋の鍵すら渡されていない……。その場に残されたぼくたちは、しばし呆気にとられていたが、「これも何かの縁だね。今後ともルームメイトとしてよろしく」と気を取り直し、ブローカーのオッサンに指定された104号室の玄関前まで行き、試しに玄関のドアノブを回してみた。104号室の玄関は施錠されておらず、ドアはすうっと開いた。そして、玄関から室内を覗いたぼくたちの目に信じられない光景が飛び込んできた。

玄関の靴置き場であふれかえっている靴、靴、靴。玄関には置くスペースがないからか、その先の廊下も靴だらけである。いや、靴だけじゃない。廊下には洋服やカバンなども無造作に転がっており、よく見ればコンビニのレジ袋に入ったゴミも放り投げられていた。

なんじゃ、こりゃ！　ここに住めというのか!!

ぼくは思わず声を出していた。泣きそうにもなっていた。あのブローカーのオッサンがそばにいれば、胸ぐらをつかんで猛抗議していただろう。なるほど、無愛想なオッサンがぼくたちの前からすぐに消えたのは、こういうわけだったのか……と感心している場合じゃない。ぼくたちは寮と称されたおんぼろなマンションの一室（狭い3DK）に押し込められてしまったのだ。

その部屋のルームメイトは、なんと12人！

しかも、ぼくたちのあとに3名の留学生がまた押し込められたので、6畳のスペースに二段ベッドが二組配置されている部屋が3部屋あってもそれだけでは収容できなくなり、ダイニングやキッチンまで留学生の寝床になっていた。

留学生は全員が韓国人だったが、これだけで驚くのは、まだ早い。

留学生であふれかえるこの部屋は「男女共同」なのだ。このときも3、4人の留学生ギャルがぼくたちと共同生活をしていた。

しかし、ぼくが留学生ギャルと仲良くなることはなかった。不自由だらけの寮生活に耐え兼ねたぼくが、ある日、寮から脱走したからだ。

寮から夜逃げ

寮の朝は戦場だった——。

ぼくたち留学生が共同生活をしている場所は、寮とは名ばかりで、実態はファミリー向けの狭い3DKに10人以上の留学生がぎゅうぎゅう詰めに押し込まれていた。この寮にいる留学生たちは、同じ学校に通う同窓生でもある。そのため、ほとんどの留学生が同じサイクルで活動をすることになる。

例えば、1限目の授業に遅刻しないようにするには、午前7時30分までに寮を出て学校に向かわなければならない。必然的に、朝の身支度などはその1時間前ぐらいから始めるわけだが、このときに寮内では必ずある騒動が起きる。同じ時間帯に全員が一斉に起き出すため、寮にひとつしかない「トイレ」の争奪戦が始まるのだ！

しかも、寮はユニットバスだったので、誰かがトイレを使うためにユニットバスの扉をロックすると、洗面所が使えなくなってしまう。その逆のパターンも然り。留学生ギャルがメイクをするために洗面所を占拠したときは、ユニットバスの扉を激しくノックする音と「早くしろ！」という怒声が響き渡る。

ぼくも最初のころはこの争奪戦に参加していたが、だんだんアホらしく感じるようになり、そのうち朝のトイレは通学途中にあるコンビニで済ますようにしていた。そして、毎朝のように勃発するトイレ争奪戦に嫌気がさしていたぼくは、劣悪な環境の寮から抜け出すことを密かに考え始めていた。

池袋の日本語学校は週休2日制で、平日の授業も17時すぎには終わることが多かった。「あいうえお」から日本語の勉強をしているぼくには、それなりの量の宿題が出されており、学校以外の時間も日本語の勉強に集中するべきなのだが、ぼくはその時間にアルバイトをしなければ暮らしていけない状況に立たされていた。

そもそも、今回の留学プランには、日本でのアルバイト先の紹介というオプションも付いていた。だからぼくは、日本語学校の学費や寮費などは事前に納付していたが、日本での生活費については「現地でアルバイトして稼げばいいや」と考え、ほとんど用意をしていなかった。いまにして思えば、このときの無謀さがわかるが、当時はかつて日本でアルバイトをしながら半年間滞在したときの経験が妙な安心感を生んでいた。

そしてぼくは、厳しい現実を知ることになる……。

「アルバイトを募集しているところは先週までたくさんあったんだけど、どこも他の学生に決まってしまった。急いで他のアルバイト先を探してみるから、もうちょっと待ってて」

もう何度目だろう、この返事を聞くのは。待てど暮らせど連絡がないので、ぼくから留学生ブローカーのオッサンに問い合わせの電話をしてみたが、いつも軽くあしらわれるだけだった。

さすがのぼくも、このあたりから悪徳ブローカーに騙されていたことに気がついたが、すぐにでもアルバイトをしなければならない窮状のためオッサンへの抗議よりも、自力で働き口を探すことに専念した。

ぼくは友人、知人のツテを頼りに、現在アルバイトをしている留学生の先輩たちに片っ端から声をかけた。すると、ある先輩が「ガソリンスタンドの洗車係」を紹介してくれた。洗車係はぼくにうってつけの仕事だった。所定の位置に車がきたら、黙ってその車を手洗い洗車してワックスをかけるだけなので日本語がほとんどしゃべれないぼくでもこなすことができた。

冬でも真水だし、車用の洗剤で手が荒れ放題になったり、屈《かが》んで作業することが多いので腰が痛くなるなど、つらい作業の連続だったがぼくは洗車のアルバイトに精を出していた。

平日は学校の授業が終わった時間から夜9時まで、土日は朝から晩まで、とにかくバイト三昧の日々を送ってバイト代を貯金していた。日本での生活費を稼ぐことが第一であったが、ぼくはあの息苦しい寮から一日も早く脱出をしたかった。

すでに納付している半年分の寮費について、返還を求めたのもちょうどこの頃だった。もはや悪徳ブローカーとしか思えない例のオッサンは、「寮を出て行くのは契約違反になるから、寮費などの金は返せない」の一点張り。

ぼくとしては、半年分の寮費から、実際に寮を使った分（過ごした日数）とオッサンの手数料を差し引きした金額を返してもらいたかったが、オッサンとの話し合いは平行線をたどり、最後は「おまえは契約違反だ！」「あなたこそ契約違反だ！」と大喧嘩して交渉決裂。結局、寮費は取り返せなかった。自分の交渉力の無さを嘆きつつ、ストレスフルの寮生活に辟易《へきえき》していたぼくは、もう我慢の限界だった。

入寮から3カ月経ったある日。ぼくは自分の荷物と布団一組を持って寮から夜逃げした。

ホームレス生活

池袋駅の近くにあるベンチで目覚めた。東武東上線の成増駅近くにある寮から飛び出したぼくは、とりあえず専門学校のある池袋を目指して歩いた。そして、一晩かけてたどり着いた池袋駅の周辺でたまたま見つけたベンチに腰掛け、今後についてあれこれと考えていたら、いつの間にか寝てしまっていた。

寮から持ち出した自分の荷物と布団一式は、ぼくが寝ている間に盗まれてしまうこともなく無事だった。わざわざ、布団一式を持ってきたのはなぜか？　自分でもよくわからないが、悪徳ブローカーのオッサンに騙された！　と思い込んでいたぼくのせめてもの抵抗だったのかもしれない。

さて、これからどうしようか——。ベンチの前を通り過ぎる通勤、通学途中のサラリーマンや学生たちを眺めていたら、ぼくは急に不安でいっぱいになった。

ぼくには寮の代わりになる滞在先のあてがあるわけではなかった。しかも、ここは日本という外国で、ぼくは日本人の知り合いが一人もいない、ただのガイジンだ。日本語も習い始めたばかりで読み書きはもちろん、会話することもままならない。どう考えてみても、プラス材料が出てこない現状にぼくは焦りを感じた。勢いだけで行動している自分の軽卒ぶりを呪った。ぼくはこのまま、ここで野垂れ死にをするのか……。その恐怖感に襲われたとき、ぼくはこう思った。

早く学校に行って、トイレの洗面台で洗顔と歯磨きをしよう！

そうなのだ。この危機意識の低さが、今日のぼくを支えているのだ。我ながら物事に動じない精神力に乾杯である。

その日は自分の荷物と布団一式を持って専門学校へ行ったが、さすがにこの大荷物は目立ちすぎる。明日以降もこの大荷物を持って来ると、学校側に咎められてしまうかもしれない。そうなれば、説明するがめんどうだ。場合によっては、退学させられてしまうかもしれない。ぼくは現状を打開するべく、一計を案じた。

そうだ、上野公園に行ってみよう！

この当時、ぼくは上野公園が日本で一番大きい公園だと思っていた（ちなみに、正解は北海道の中央部にある「大雪山国立公園」。その面積は東京都よりも大きい！）。それに、ぼくは上野公園以外の公園を知らなかった。とにかく、上野公園に行けば何とかなるはず——ぼくは自分の荷物と布団一式を持って池袋から山手線に乗って上野で降りた。

実は、上野公園には寮の仲間たちと一度だけ遊びに来たことがある。だからその存在を知っていたわけだが、まさか野宿する場所を求めてまた来ることになるとは……。

食料品店の裏に山積みされていたダンボールを2、3枚失敬すると、ぼくは上野公園内をうろうろしながら今夜の寝床を探していた。なかなか、うってつけの場所がみつからない。公園内では数百人のホームレスたちが各々のスペースをすでに確保しているため、ぼくが入り込む余地がほとんどないのだ。

それでも必死になって寝床をつくれそうな場所を探し回っていると、あるベテラン・ホームレスが「そこよりも、あっちにいい所があるよ」と親切にアドバイスをしてくれた。ぼくはカタコトの日本語でお礼をいうと、ようやく今夜の寝床を確保することができた。

1994年の夏。日本に来てわずか3カ月。当時26歳だったぼくは、こうしてホームレスになってしまった。

人生初の「マイハウス」

ホームレスの先輩たちは、ぼくに友好的だった。ことあるごとにぼくのめんどうをみてくれて、ついには「野宿ハウス」のつくり方も教えてくれた。最初、先輩たちの「野宿ハウス」を見たときはその完成度の高さに舌を巻いたものだ。風雨に耐えることはもちろん、室内の快適装備も充実していた。カセットコンロで湯を沸かし、ドリップコーヒーを優雅に飲んでいる先輩たちもいた。

ぼくは先輩に指示された大きめのブルーシートとロープ、ガムテープなどを御徒町駅近くにある生活雑貨の量販店で買いそろえると、さっそく「野宿ハウス」の建設に挑戦した。先輩たちのハウスに比べると、ぼくのはぶっかこうなテントみたいになってしまったが、住めば都である。そして、ぼくは人生初のマイハウスを手に入れることに成功したわけだ。

以後、ぼくはこのマイハウスに荷物や当時のマイカメラ「ニコン・FM2」などを置きっぱなしにして学校やアルバイトに通っていた。もちろん、マイハウスには鍵付きの扉などありはしない。その気になれば、誰でも我が家には侵入できる。だって、ブルーシートをめくればいいだけの手間だから。

しかし、ぼくのハウスは一度も泥棒の被害には遭わなかった。この事実だけで、当時の上野公園は「治安が良かった」と表現するのはオーバーなのかもしれないが、少なくともぼくは、このときの経験からホームレスに悪人なしと、いまでも信じている。

季節が秋に移り変わろうとしていたころ、ついにアルバイト代が目標額の30万円を達成。ぼくは約2カ月過ごした上野公園の「野宿ハウス」から埼玉県所沢市にあるボロアパートの四畳半へと引っ越した。そのアパートは、風呂なし共同トイレで築40年。家賃は3万5000円。歩くたびに床がぎしぎしと鳴るけれど、そんなことは一切気にならない。念願だった「マイルーム」を手に入れたぼくは天にも舞い上がる気持ちになっていたが、翌月からすぐに厳しい現実をまた思い知らされる。

当時のぼくにとって、毎月の家賃は重すぎる負担になった。こつこつと貯めていたアルバイト代はアパートの敷金や礼金、生活用品を購入するときなどに使い果たしてしまい、手元にはほとんど残っていなかった。さらに、この時期は、入学前に半年分を納付した学費の残り分を毎月支払うことになり、ぼくは極限まで生活費を節約してやりくりをしようとしていたが、それもすぐに行き詰まってしまった。そこでぼくは、ガソリンスタンドの洗車係よりもアルバイト代が高い、配送トラックのドライバーにトラバーユした。

トラックドライバー

韓国の大学生時代に、ぼくは配送トラックのドライバーとして4カ月ぐらいアルバイトをしていた経験があるので、トラックの運転にはそこそこ自信があった。また、そのときの経験から、ドライバーはアルバイト代が高いということを知っていたので、家賃と学費を稼ぐ苦肉の策としてぼくは再びハンドルを握ることにした。

ぼくをドライバーとして採用してくれたのは、ある在日韓国人が経営している小さな運送会社だった。その会社は、同胞相手に正規ルートを通さずに仕入れた家電製品などを安価で販売する「バッタ屋」で、ぼくは積載量2トンの小型トラックで某国から輸入されてきた商品を成田空港から秋葉原の電気街に運搬したり、秋葉原の某店から仕入れた商品を都内各所にあるバッタ品の販売店へ配達していた。

積み荷の上げ下ろしはたまに手伝う程度で、ほとんど業者任せ。トラックの運転以外でぼくの役目といえば、発注伝票と積み荷を照らし合わせて点検をするぐらいなので、前のアルバイト（ガソリンスタンドの洗車係）に比べれば、はるかに楽だった。ただし、それは肉体的な話であって精神的にはぎりぎりまで追い込まれ、しばらくは胃がきりきりする日が続いていた。ストレスの原因は日本の複雑な道路事情だった。

ぼくはトラックの運転ならお手の物だったが、日本の道路にはほとほと泣かされた。いまならカーナビを使って知らない場所でもすいすい走れるが、当時はそんな便利ものはなく、あるのはトラックの助手席に転がっている使い古された日本語の地図のみ。もちろん、その地図に日本語学校の教科書みたいにハングルのふりがながふってあるわけがない。初めて見る漢字ばかりだった。

最初こそ、約束の指定時間を守れずに何度も怒られていたが、読めない日本語や知らない道路と格闘を続けていくうちに、だんだんと日本語と道路を覚えていき、アルバイトを始めてから3カ月も経つと地図を見ないで目的地までたどり着けるようになった。それにともない、配達を任されるエリアもどんどん拡大していった。

人間は追い込まれれば追い込まれるほど、順応性を発揮するものだ。よく、外国語は学校で習うよりも、現地で暮らしたほうが早く覚える、という話を耳にするが、それは本当にそのとおりだった。

こうして、再来日してからの激動の1年が過ぎっていった。ぼくが入学した「池袋の日本語学校」は2年制で、最初の1年目はアルバイトでどんなに疲れていてもまじめに授業を受けていたが、2年目からは学校よりもアルバイトを優先するようになり、もはや修学ビザのためだけに在籍しているようなものだった。

1996年3月、無事に「池袋の日本語学校」を卒業したぼくは、翌月から「渋谷の写真専門学校」に通い出した。

やっと写真の勉強ができる！　来日してからの苦節2年を乗り越え、ついに念願がかなったのだ。ぼくは押し入れでほこりをかぶっていたマイカメラの「ニコン・FM2」を取り出し、久しぶりに手入れをした。韓国の大学生時代に中古で買った「ニコン・FM2」に装着するレンズは、やはり中古で買った28ミリと50ミリの単焦点レンズ。

ぼくはこの日のために新調したカメラバックに「ニコン・FM2」とレンズ2本を詰め込むと、うきうきした気分で渋谷の街を歩いていた。

韓国のオッサン

「渋谷の写真専門学校」に入学したとき、ぼくは28歳になっていた。同級生のほとんどはぴっちぴちのティーンエージャーたち。アラサー1年生のぼくはぶっちぎりの最年長で、あだ名は「韓国のオッサン」。そんなクラスで浮いた存在になってしまうことを覚悟していたが、いざ入学してみたらぼくより年上の日本人が二人もいてビックリした。

しかも、ぼくと同じ韓国からの留学生が3人もおり、中国人やアメリカ人もいた。1学年に180人ぐらいの生徒がいたので、全体からみれば留学生は微々たる存在であったが、留学生がぼく一人だけじゃないことに少しほっとした。

この当時の心境としては、将来は絶対にカメラマンになってやるぞ！　というよりは、早く写真の勉強をして技術を磨きたいという気持ちが勝っていた。授業は実践的なものが多く、写真の理論や各現場、スタジオでの撮影方法、暗室作業などを一通り学んだ。現像液を自分でつくり、フィルムを初めて現像したときの感動はいまでも覚えている。

当時からぼくは「写真の撮り方に正解はない」と本気で信じていたので、撮影方法に自分の固定観念を持ち込もうとする講師とは意見がよく衝突していた。生意気な1年坊主が「写真の世界はもっと自由なはずだ」とベテラン講師に講釈を垂れているシーンを想像すると、その若気の至りぶりに恥ずかしくなるが、あのころの写真に対する純粋さ、ひたむきさが、当時のぼくを支えていたと思う。

しかし、写真への情熱だけでは解決できない問題もある。あいかわらず、「お金」では苦労の連続だった。

ぼくは写真専門学校に入学と同時に奨学金をもらっていた。その分、「池袋の日本語学校」のときに比べれば、いくぶん生活は楽になっていたが、住まいを所沢から四ッ谷3丁目のボロアパートに引っ越していたため、週に3回以上はトラックドライバーのアルバイトをしなければ授業料と家賃を払うことができなかった。

ラッキーなことに、翌年（2年生のとき）からはさらに別の奨学金をもらえることになり、奨学金だけでひと月に約12万円も手にすることができるようになった。これでぼくが日本語を勉強しに来ている留学生なら、睡眠時間を削ってまでやっている苦しいアルバイト生活からおさらばできたのかもしれないが、ぼくにはそれができなかった。むしろ、アルバイトの量を増やそうとすら思っていた。

なぜなら、このころになると、日本語学校時代から続けていた都内のあちこちに出かけて風景や人物などのスナップ写真を撮る機会を意識的に増やしており、そのときにかかる交通費やフィルム代、現像代などの「必要経費」がバカにならない金額になっていたからだった。結局、ドライバーのアルバイトは、カメラマンの仕事だけでなんとか生計が立てられるようになった2001年ごろまで続けていた。

フリーの道へ

写真専門学校に入学してからも、ぼくは個人的に都内撮影ツアーを続けていたが、そのうち授業の課題でも同じように都内各所を巡りながらスナップ撮影をするようになった。

ある日の授業では「電車」が撮影テーマだった。ぼくたち写真専門学校の生徒は、山手線を1周しながらそれぞれが電車をモチーフに撮影をしていた。

このときぼくが着目したのは、JR赤羽駅で毎朝くり返されている埼京線の通勤ラッシュだった。殺人的ともいえるこの光景は、まさに日本ならではのワンシーン。このとき撮った写真は、カメラ雑誌の投稿コーナーでも取り上げられた。

写真専門学校の2年間は、アルバイトと授業の課題に追われていた毎日だったが、これも自分で選んだ道。どんなに疲れていても、常に充足感があった。

年が明け、1998年になると、すぐに卒業シーズンとなった。このころのぼくは、卒業後の進路として、ある大学へ挑戦することを心に決めていた。

日本大学芸術学部写真学科。この名門大学を目指すきっかけは、写真専門学校のスタッフからもらったアドバイスだった。

「日大の大学院なら、もっと写真の勉強ができますよ」

写真専門学校を卒業したら、一度韓国へ戻ることをぼんやりと考えていたが、それはやることがないからとりあえず帰ってみるという消極的な姿勢であり、そこには計画も無ければ、目標も無かった。

だから、このアドバイスはぼくの意欲を刺激した。しかも、日大なら推薦枠があるので比較的進学がしやすいという。大学でより高いレベルの勉強ができる喜びを胸いっぱいに、ぼくは「渋谷の写真専門学校」を卒業した。

そして、1998年4月。ぼくは「日大・写真学科」に研究生として入学。翌年には日大の大学院へ進学する予定だったが、あてにしていた奨学金がもらえず、高すぎる入学金と授業料を支払い続けることができずにギブアップ。ぼくは大学院への進学をあきらめることに……。

わずか1年で潰《つい》えたぼくの夢。挫折感に浸りきっていたぼくは、ビザが残っている間は日本で暮らすことにした。いや、正確には韓国へ帰るお金が無かったので、日本に留まる以外の選択肢はなかった。

1999年春。ぼくは図らずしてフリーカメラマンとしての道を歩み出した。

運命の瞬間

ぼくは「キムチの縁」で大久保という街の存在を知ることになった。学生時代、運送会社で配送トラックのドライバーをしていたことは前にも書いたが、ぼくはこのアルバイトのときに職安通り沿いにある韓国食材店にキムチを運ぶ機会がたびたびあり、それをきっかけに大久保界隈がコリアタウンであることを知った。

あの街に行けば、本場のキムチが買えるし、食堂のメニューにはハングルが書いてある。異国の地でさびしい思いをしていたぼくが、留学生の友達を誘って、大久保へ遊びに来るようになるまでにそう時間はかからなかった。

大久保のコリアタウンといえば、ＪＲ大久保駅と新大久保駅をつなぐ大久保通り沿いがいまではメインとなっているが、ぼくの知る１９９０年代の半ばから２０００年代の前半は職安通り沿いのほうが賑《にぎ》わいをみせていた。そのため、コリアタウンに行くときはＪＲ新宿駅から歩くようにしていた。

その日も職安通り沿いにある小さな韓国食堂で少し遅めの晩ご飯を食べて、自宅へ帰る途中だった。

職安通りからＪＲ新宿駅までの道のりは、歌舞伎町のど真ん中を通り抜けるのが最短ルート。ぼくはいつものように大久保公園の脇の道を新宿駅方面へ歩いていると、１００メートルぐらい前方にある歌舞伎町交番の付近に人だかりができていた。

何の騒ぎだろう――。

好奇心を抑えきれないぼくは、少し早足になって人の輪に近づき、そっと中を覗いてみると、そこには信じられない光景が広がっていた。

なんと、見るからにガラの悪そうな７、８人の男たちが「鉄パイプ」を振り回しながら警官の集団に襲いかかろうとしていたのだ！

男たちと睨み合う、およそ20人の警官たち。小さな警棒で必死になって抵抗する素振りをみせているが、男たちの勢いに押されてじりじりと後退している。ぼくが見る限り、警官たちのほうが人数では勝っているが、形勢は不利だった。男たちの怒号に気圧《けお》されている。そのうち、身の危険を感じた警官たちが腰に装備している拳銃を男たちに向けて発砲するのではないか。本気でそう思えるほど、交番前は修羅場と化していた。

ぼくはといえば、その男たちの迫力に警官以上にびびりまくっていた。足の震えがさっきから止まらない。

ぼくが来る前に小競り合いがあったのか、男たちの中には服がビリビリに破れていたり、頭を負傷している血だらけの者までいた。

いったい何者なんだ、この男たちは――。

カメラを持っていながらその男たちの写真を撮るどころか、カメラバッグから取り出すことすら忘れていたぼくは、ただその場に立ちつくし、男たちを凝視していた。

そのときである。さらなる衝撃がぼくの脳天から背骨にかけて走り抜けた。その男たちはみんな小指が欠損しており、なおかつ破れたシャツのすきまからちらちらと見事な入れ墨が見えていたからだ。

あの男たちはやくざだ！

来日以後、日本には「やくざ」と呼ばれるアウトロー集団がいることは噂で何度か聞いていたが、本物を見たのはこのときが初めてだった。ぼくはやくざたちの迫力に圧倒されてしまい、これを機に歌舞伎町へ通うようになった。

やくざに魅了されたからではない。安全地帯であるはずの交番前でやくざと警官たちが大乱闘をしていても、それが当たり前の風景となってしまう歌舞伎町という街に興味を覚えたからだ。

当時のぼくにとって歌舞伎町は、いつ爆発してもおかしくない活火山のような存在だった。歌舞伎町を歩くときには、噴煙を上げている火口付近を歩くときに感じるような「スリル」があった。

この街に来れば、必ず何かが起きる——。歌舞伎町の「スリル」には常習性がある。ぼくはすっかり中毒になってしまい、さらなる刺激を求めて毎晩のようにさまよい歩くようになる。

あの日から20年近くが経過したいまでも、ぼくの中毒症状は完治するどころかさらに悪化している。残念ながら、いまだに処方箋はみつかっていない。歌舞伎町は行くたびに、新しい一面をぼくに見せてくれる。それが、たまらなく面白くて、どうしても撮りに行きたくなる。これが、ぼくが這いつくばってでも歌舞伎町に通い続けた理由だ。

いま思えば、1996年に歌舞伎町交番前でやくざと警官の乱闘シーンを偶然目撃したこのときが、ぼくの人生を決める「運命の瞬間」だったのかもしれない。

第3章　警官との場外乱闘

職務質問

歌舞伎町の仕切り役——裏の主役がやくざなら、表の主役は警察だろう。この街で写真を撮るためにはこの両者と無関係ではいられない。やくざの暴力、警察の権力。巨大なパワーを持つ両者と接するときに最も重要なことは一定の距離感を保つことにある。

これは感覚的な話なので言葉で説明することは非常に難しいが、ぼくの被写体でもあるやくざや警察は近づきすぎれば撮影を妨害され、遠すぎれば絵にならない。ぼくは常にぎりぎりのライン上を綱渡りしながら撮影しているつもりだが、知らず知らずのうちに「危険ゾーン」に足を踏み入れてしまうこともあった——。

日本一のマンモス交番や危険な交番としてメディアで紹介されることが多い「歌舞伎町交番」。旧コマ劇場の裏側、大久保ハイジアのとなりにある「1993年3月に建設された地上4階、地下1階の大型交番」（警視庁のホームページからの略記）は歌舞伎町地区のほぼ全域を管轄している。

歌舞伎町交番で勤務する警官たちは数年（ぼくの感覚だと1、2年）で異動してしまうことが多い。地元の住民と良くも悪くも癒着させせないようにするための措置なのだろうが、そのおかげで新人警官が配属されるたびに毎回のように職務質問（職質）

を食らうはめになっていた。

ぼくの警官に対するスタンスは、やくざに対するときと同じだった。親しくなりすぎないように、かつ距離を置きすぎないように――。警官らに媚びることまではしないが、自分は歌舞伎町をテーマに撮影しているカメラマンであり、不審人物や危険人物ではないことをアピールするために路上で会えばあいさつぐらいはするようにしていた。そうしなければ、彼らはわざと毎日のように職質をしてきたり、街の風景を撮影しているだけでも妨害してくるようになってしまうからだ。

これには苦い経験があった。ぼくが歌舞伎町に通い出した初期のころは警官たちの対応が本当に酷かった。ある警官グループに目をつけられて何日間も連続で職質をかけられたこともあった。一晩で3回も4回も同じ警官グループに呼び止められたときは、「あなたたちはさっきもぼくの顔を見ているでしょう。それなのにまた職質をする理由はなんですか！」と抗議したこともあった。

カメラ嫌いの警官たち

さすがに歌舞伎町生活が10年を過ぎたころには、ぼくの存在が歌舞伎町交番でも認知されるようになり不審人物扱いの職質は目に見えて減っていたが、嫌がらせ目的と思えるような職質はずっと続いていた。職質をかけるのが警官の仕事なら、ぼくはその警官を撮るのが仕事だ。両者の仕事の関係には、相容れない対立する構図が内包されており、それがときにハレーションを起こす。ぼくと警官が衝突するパターンはいつも同じだった。

警官にレンズを向けるのは原則NGだ。報道カメラマンの中には、「公務中の警官（公務員）に肖像権はない！　憲法で保障されている報道・取材の自由を妨害をするな！」と警官相手に一悶着を起こすタイプもいるが、ぼくには現場で論争できるほどの法律に関する知識がない。そもそも、騒然とする事件現場において報道の自由が警察に認められて好き勝手に取材ができるケースをぼくは知らない。現場は常に警察の規制だらけだ。警官を勝手に撮影していると彼らは露骨に嫌な顔をするし、注意してくる。それに従わず撮影を続けていると、今度は「警視庁の広報を通せ！」と必ず言われてしまう。

いつでも同じ場所にある建物を撮るならいざしらず、いま、目の前で発生している事件を撮ろうとしているのに広報にお伺いを立てるなんて悠長なことはやってられない。当然、ぼくは警官の警告を無視して勝手に撮る。警官がさらにヒートアップして「撮るな！」とぼくを怒鳴る。それに対してぼくが、「カメラマンは写真を撮るのが仕事だ！　あなた（警官）の仕事の邪魔はしていない。道路から見えるものを記録しているだけで何も問題がないはずだ！」と言い返すと、その場でバトルが始まる。

警察が過剰に反応するときは、警官数名がぼくの前に立ち並び「人間の壁」をつくって撮影を妨害してくる。ぼくはおかまいなしに警官たちの足の隙間にレンズを突っ込んで撮る。現場ではこの程度のバトルはよくあることで、レンズを押さえつけたり、一時的にカメラを取り上げるという警官の実力行使だってある。そのおかげでぼくが歌舞伎町交番や警視庁新宿警察署に連行されたことは一度や二度じゃない。

冒頭の話ではないが、警官もやくざも同じ言葉でぼくを怒鳴る――「ふざけんな、この野郎！」

こういった罵《ば》詈《り》雑《ぞう》言《ごん》が飛び交う現場は注意が必要だ。警官が撮られることを極端に嫌がるときは、見られたくないものがあるからだ。

例えば、逮捕の瞬間――。暴れている犯人を押さえつけるときは、警官たちがしばしばやりすぎてしまうことがある。ナイフを振り回しているような凶悪犯ならいざしらず、相手が高齢のホームレスであっても執拗に押さえつける。相手が何を隠し持っているかわからないので、怖くて緊張するし、興奮もするだろうが、行き過ぎの場合が多いのも事実だ。

逆に言えば、その瞬間こそが、ぼくのシャッターチャンスとなる。権力機関の横暴に目を光らせることはジャーナリストの役割のひとつ。警官の一喝にびびるわけにはいかない。「ダメだ！」と言われても隙間を見つけて撮るのが仕事だ。

ちなみに、同じ捕り物でも街中にサルや変な動物が現れたときはいくらでも撮らせてくれる。警官たちも「ちゃんと撮ってよ」「今回の取材分はいつの新聞に出るの？」などとはしゃいでいるが、そんなものはどれだけ撮っても意味がない。その手の撮影は、警察の宣伝機関に成り下がっている「記者クラブ」のカメラマンたちに任せればいいのである。

摘発パフォーマンス

大手メディアの記者やカメラマンだけが優遇される「記者クラブ」制度は謎だらけだ。クラブは、新聞やテレビがつくる協会の加盟社だけが参加できる仕組みになっており、取材対象である行政機関から特別待遇を受けられる。例えば警視庁にある「警視庁記者クラブ」の加盟社であれば、警視庁から独占的に情報提供を受けることができる。

この制度は行政側にとっても、メディア側にとっても実に便利なシステムだ。行政側は自分たちで報道される情報を都合よくコントロールすることができ、メディア側は手間と費用がかかる取材活動をせずに効率よく記事を書くことができる。一説によれば、新聞記事の社会面は半分以上が〝クラブネタ〟で埋められているという。つまり、大手メディアは警察をはじめとする行政機関に情報力で支配されている。

そのため、記者クラブの世界では、メディア本来の役割である「権力の監視」が置き去りにされてきた。歌舞伎町でくり返される警察による「摘発パフォーマンス」を見るたびにそのことがわかる――。

区役所通りの一角で数台のワンボックスカーと黒塗りのハイヤーが待機していた。違和感丸出しのその車列にぼくはそっと近づく。車内では撮影機材を持ったスタッフが飛び出すタイミングの合図を待っている。ワンボックスカーにはテレビ局の取材クルー、黒塗りのハイヤーには新聞社の記者とカメラマン――全員が警視庁記者クラブの面々だ。

ぼくはまわりのビルに目を凝らした。クラブの連中が待機している場所から、摘発現場はそう遠くはないはずだ。彼らは、広報担当の警官に「はい、いいですよ」と合図されると車から降りてきて所定の位置で撮影開始。しばらくして「はい、ここまで」と警官に言われると車に戻り、次の合図があるまで車内でじっと待機する。

まるで、警察にリモートコントロールされているようだが、彼らは疑問を感じないのだろうか。「権力の監視」というメディア本来の役割を放棄しているとしかぼくには思えない。ぼくが新聞やテレビが嫌いな理由はまさにそこにある。

一般の人は新聞、テレビの報道がすべて真実だと思っているが実際はそうじゃない。新聞やテレビは警察に用意された事実を伝えているにすぎない。

ぼくのようなフリーカメラマンはその事実の裏側にある真実を報道することが仕事だ。少なくとも、ぼくが密着取材を続けてきた歌舞伎町においては事実と真実は明確に区分することができる。その端的な例は、歌舞伎町を舞台にした警察の広報活動を見ればよくわかる。

警察が広報活動を行うときは記者クラブに対して日時や場所、段取りなどをまとめたプレスリリースを事前に配布する。歌舞伎町のケースでいえば、クラブ用の〝撮影スポット〟がつくられ、その前を視察中の警視総監や政府要人、現場検証中の被疑者などを歩かせる。

同じ場所から同じ被写体をみんなで撮るという、見事なまでの横並び取材。その一団にいれば撮影ミス（写真を撮れない）というリスクは限りなくゼロに近くなるが、一方でスクープ写真を撮れる確率も限りなくゼロに近づいてしまう。そのことをあらためて痛感できた現場は、暴力団排除条例の施行にともない実施された警視庁による広報イベントでの一幕だった。

警官たちの大名行列

総勢100人以上の警官たちが歌舞伎町のど真ん中を練り歩くそのイベントは、警視庁と記者クラブの事前協議によって撮影スポットはコマ劇前の一部分と決まっていたようだ。クラブと関係のないフリーランスのぼくは、当日の撮影ルールなんか知る由もなかった。仮に知っていたとしてもそんなものに従うつもりは一切ない。ぼくは野次馬に紛れて警官たちの隊列が近づいてくるのを待っていた。

まるで大名行列を見ているようだった。先頭集団は警視庁のお偉いさん方のようだが、みんな警官というよりはくたびれたサラリーマンのような冴えない風貌をしていた。

いまだ――。ぼくは野次馬の群れから飛び出した。何食わぬ顔で大名行列の正面に回り込むと先頭集団に何発もストロボを浴びせかけた。

びっくりしたのは警備担当の警官たちだ。慌ててぼくを取り押さえにかかり、強い口調で排除しようとした。

「何をやってるんだ！」

「見ればわかるでしょう。写真を撮ってるんですよ」

「そういうことじゃない。何でお前だけ正面に出てくるんだ！」

「正面から撮っちゃいけないんですか？」

「撮影場所は事前に決めたはずだ。ちゃんとルールを守れよ。次はあそこの角だろうが。お前はどこの社だ？」

「ぼくはフリーですよ」

「フリー？　フリーなんてダメだ。どこから許可をもらって撮ってるんだ！」

「路上で写真を撮るのに許可なんて必要ないでしょう！」

総勢100人以上の警官たちが歌舞伎町のど真ん中を練り歩く“イベント”

「ダメだ、ダメだ。フリーなんて認めない、いますぐ撮るのをやめて出て行け！」

　勝手にヒートアップしている警官はいまにも掴みかかってきそうだが、ぼくには彼らを相手にしている時間はない。警官の手をさらりとかわしながら言い返した。

「そういうことはあとで話しましょう。いまは写真の撮影で忙しいので邪魔をしないでください」

　これを聞いた警官は顔を真っ赤にしながら激怒していたが、ぼくは涼しい顔でやりすごした。

「あなたも仕事中なら、ぼくも仕事中なんですよ！」

ぼくは決定的な瞬間を撮りたいだけだ。いい写真さえ撮れれば、あとはどうなってもかまわない。撮影中の現場で警官と揉めても何ひとついいことはないので、ぼくは警官との接触を極力避けるようにしている。

しかし、フリーカメラマンを蔑むような警官とはついバトルになってしまうことがある。あとで話そうと言った警官とは、あとで本当に話し合いならぬ言い争いをすることもあった。撮影妨害のやり方があまりにも横暴だったときは直接本人に抗議するために、歌舞伎町交番の前で問題の警官が戻ってくるまで2時間以上待っていたこともある。

ちなみに、このときに撮影した警官の大名行列はおかげさまで写真週刊誌のトップページに採用された。皮肉なことに、警官と揉めたときはいい写真が撮れていることが多いのだ。

闇カジノ

バカラ、ブラックジャック、ルーレット、スロットマシーン――。チップを違法換金できる「闇カジノ」があるビルの近くには、必ず見張り役の男たちがいる。少ない布陣のときでも正面入口の路上に二人、やや離れた場所から入口周辺を監視している連絡係が一人はいる。

見張り役は毎晩路上に立っていることが仕事だ。歌舞伎町を毎晩徘徊しているぼくは、彼らとよく顔を合わすので自然とあいさつをするようになり、さらにその状態が続くとたまに電話をくれるようになる。

そうなれば、しめたものだ。路上で定点観測をしている彼らはぼく以上に街の動きに敏感だ。異変を察知した彼らからの一報は大きなスクープにつながることがある。日本風に言えば、まさに「蛇《じゃ》の道は蛇《へび》」なのだ。

意外に思われるかもしれないが、彼らからの一報で重宝するのが闇カジノの摘発情報だ。もちろん、彼らが伝えてくるのは自分たちの店ではなく「ライバル店」の情報だが、彼らは敵対する店に関するネタであれば、あることないことを事細かく教えてくれる。

ただし、自分たちの店やグループに関する情報は一切教えてくれない。そもそもが非合法な商売だけに、彼らの結束は鉄よりも固いものがある。

警視庁記者クラブならある程度の情報は事前に警察から知らされるのかもしれないが、ぼくのようなフリーカメラマンは自分のネットワークから生きた情報を吸い上げるしかない。この街を主戦場としているぼくにとって、自分で構築したこのネットワークは貴重な財産だった。

ある夜、闇カジノの店員から電話が入った。

「うちの店の壁を警察がハンマーで壊してる！　早く来て写真を撮ってくれ！」

自分の店のことを連絡してくる店員は珍しいが、その内容がもっと珍しかった。店員は摘発の模様を実況中継しながらぼくを呼び出そうとしているのだ。

ちょうどそのころ、ぼくは自宅の近くである雑誌の編集者と打ち合わせをしていたが、それを中断。現場まで歩いても10分とかからない距離だったが、その時間を惜しんでタクシーに飛び乗った。

現場に着くと、すでに警察の突入作戦は始まっていた。警察は闇カジノに通じる扉を大型のドリルやカッターでこじ開けようとしていたが闇カジノ側も必死に抵抗している。これは時間稼ぎをするためだ。この時間を使って闇カジノ側は裏口などの脱出ルートがあればそこから客や従業員を逃がすが、それが無理な場合はパソコンのデータを消去したり、証拠となりそうなものを壊したり、燃やしている。つまり、証拠隠滅をしているわけだ。

これは別の事例だが、摘発逃れの対策として、トイレの天井裏に隠れる場所をつくったり、換気口からカジノ用のチップや現金を外に運び出すことができるように細工してあった闇カジノも見たことがある。

今回の摘発は強引だった。警察は闇カジノの扉だけではなく壁までも破壊して内部に強行突入していた。この警察のやり方に対しては「やりすぎだ！」という反感が一部にあり、ぼくに電話をくれた闇カジノの店員も顔を真っ赤にしながら憤っていた。

「ビルの壁をハンマーで叩き壊すなんて警察の暴挙だ。壁の穴を撮って雑誌に載せてください」

警察が暴挙に出たのは闇カジノ側が抵抗しているからでは……とも思ったが、扉は壊されてもいいけど、壁はだめという店員の理屈が面白いので「わかりました」とつい安請け合いをしてしまった。もちろん、そこにはカメラマンとしての興味もあった。ぼくは摘発現場の最前線へ潜入するためにこっそり動き出した。

破壊された壁

摘発現場は雑居ビルの地下1階だった。現場ビルの入口には警備担当の制服警官が数人立っていたが、別のフロアでは飲食店が通常営業をしているため人の出入りはシャットアウトされていなかった。ぼくは野次馬のふりをしながら徐々に近づき、別のフロアに向かう一団に紛れてビル内に潜入。制服警官にちらっと見られたがぼくは意に介さず地下へ続く階段を駆け下りた——。

このとき、制服警官がぼく見咎めなかった理由の中の20％ぐらいには、ぼくのファッションスタイルが関係していると思う。ぼくはいつも同じ格好をしている。スニーカーにカーゴパンツ、黒い肩掛けかばん。上着は夏場ならTシャツにメッシュのベスト、冬場ならウインドブレーカーにダウンジャケット。

実はこの格好は私服刑事（特に機動捜査隊の刑事）の定番スタイルとそっくりなのだ。刑事ファッションの真似をしたわけではなく動きやすさを追求した結果だが、そのせいで〝本物〟と勘違いされることがよくあった。事件現場で制服警官に敬礼されたので、ぼくも敬礼を返しながら立ち入り禁止の黄色いテープを堂々とくぐり抜けたこともあった。もちろん、大抵の場合はすぐにバレてつまみ出されてしまうが……。

地下1階に降りると、他の店から出てきた従業員や客たちでごった返していた。闇カジノがある場所に近づくと、扉と壁はすでに破壊されており、店内に突入した警官たちがそのままカジノ内部を捜査しているようだった。

ぼくはぱっとまわりを見回した。すぐ近くに制服警官がいたが、ぼくのことをカメラマンだとは思っていないようだった。ぼくは野次馬のふりをして闇カジノの扉に向かって歩きながらかばんに隠していた一眼レフカメラを取り出して、ノーファインダーで撮り始めた。連続するシャッター音に制服警官がすぐに気がつき、「だめ、だめ。ここは撮っちゃだめだよ！」と怒号が飛んできたが、ぼくはかまわず破壊された壁の方にもレンズを向けて連写。制服警官に平謝りをして、ぼくはその場から急いで退散した。

地上に戻ったぼくは、主役の登場をひたすら待っていた。

闇カジノの摘発を取材するときに最も重要なのは、ルーレット台やバカラ台が押収されているときだ。この写真があれば1枚ですべてを物語ることができる。ぼくはこの1枚を撮り逃さないために、ルーレット台やバカラ台の出待ちをする。朝まで待ち続けることもある。摘発の段取り上、それは仕方の無いことだった。

闇カジノの摘発は夕方に着手することが多い。闇カジノがオープンして客が2、3組入店した直後に踏み込む。そして、首から番号札をぶら下げた客が連行され、次は下っ端の従業員。最後はオーナーなどの幹部が出てくる。ルーレット台などの証拠物の押収作業はそれからとなるのでどうしても時間がかかってしまうのだ。

警官がハンマーで叩き壊した壁。ノーファインダーで撮影

摘発のきっかけとなる闇カジノ関連の通報は、カジノで負けた客からの逆恨みによる一報がほとんどだという。2003年から始まった「歌舞伎町浄化作戦」がピークを迎えていたころは、連行用の車両として「はとバス」の黄色い大型バスが使われて

話題にもなったが、しばらくすると機動隊のバスに戻っている。

これまでに、闇カジノの摘発は100回近く目撃している。闇カジノは減るどころか、着実に増えている印象すらある。人間の欲望をダイレクトに刺激するギャンブルを根絶するためには、極論を言えば人間を排除する以外に方法はない。しかし、投資詐欺の被害者がゼロにならないように、いくら厳しく摘発をしても闇カジノが絶滅することはあり得ないだろう。おそらく、警察もそのことはわかっているのではないか。

とはいえ、ぼくはギャンブルを一切やらないので、賭け事に熱くなる人たちの気持ちはいまいちわからない。歌舞伎町に通い出したころにコマ劇近くのパチンコ屋で1000円分だけ玉を買って試しにやってみたが、1分も経たないうちに玉が消えてしまいびっくりしたことを覚えている。それ以来、ぼくは「宝くじ」すら買ったことがない。

日本には「飲む、打つ、買うは男の甲斐性《かいしょう》」という名言（？）があるそうだが、ぼくはそのすべてに縁がない。だからこそ、誘惑の多い歌舞伎町で18年も生き残れたのかもしれない。

カメラの抑止力

日本の警察はある意味でしっかりしすぎている。ぼくが自動販売機の前で缶コーヒーを飲みながら休憩をしているとき、知り合いの警官たちが声をかけてきた。ぼくは軽いのりで「どう、一杯飲む？」と缶ジュースをごちそうしようとしたら、警官たちに「だめだめ、絶対にだめ」と真顔で拒否された。

ぼくが「100円のジュースぐらい、いいじゃない。ポケットに小銭がたくさんあって重いから飲んでよ」と言っても、警官たちは頑なに拒み続けた。

この警官たちの態度は職務に忠実といえばそうだが、ぼくには厳格すぎるように感じられる。これではいつまでたっても他人行儀になってしまい街の住人からは信用されないだろう。そして、信用されなければディープな情報は入ってこない。

警官たちもぼくらと同じ人間だ。逮捕の瞬間は緊張も興奮もするだろう。それが自分たちでコントロールできている間は問題ないが、ときに暴走することがある。ぼくが目撃した無銭飲食の高齢ホームレスを逮捕するために取り押さえた警官たちは明らかにやりすぎだった。

コマ劇場近くの牛丼屋。一杯分の料金が払えないホームレスを店員が通報した。現場に駆けつけた警官は4人。すぐさまホームレスを後ろ手にして手錠をかけて現行犯逮捕した。逮捕前後にホームレスが少し暴れたのかもしれない。一人の警官が手錠を思いっ切り持ち上げている。手錠が手首に食い込んだホームレスは言葉にならない悲鳴を上げて激痛に苦しんでいたが警官たちはおかまいなし。おとなしくお縄にならなかったことに対する当てつけのように、ぎりぎりとホームレスの手首をさらに締め上げている。

ホームレスの手を締め上げる警官

おそらく、このときの警官たちは近くにカメラマンがいることに気がついていなかったのではないか。ぼくは群衆の足元から、広角レンズで一部始終をこっそりと撮影していた。

警官たちもカメラマンがいることを察知していれば、あそこまで酷いことはしなかっただろう。逮捕の瞬間は警官もテンションが高くなっているので、暴走してしまうことが多々ある。靴で容疑者の顔面を踏んづけるシーンを何度も見かけたが、ぼくが写真を撮るようになってからは、容疑者への扱いが少しマイルドになったような気がする。

カメラには、犯罪を防止する効力もあれば、権力の横暴を抑止する力もある。

パンチラ盗撮

「おい、カメラを出せ。詳しい話は交番で聞くから」

制服警官に後ろからいきなり肩を掴まれた。またか——ここで下手に抵抗しても無駄なだけ。そのことは過去の経験から学習している。ぼくは問答無用で歌舞伎町交番まで連行された。交番までの道中を警官と一緒に歩きながら考えた。交番に行くのはこれで何度目だろう……。今夜は盗撮の容疑がかけられているようだった。

ぼくが連行されることになったのは110番通報をされたからだ。通報者は誰だかわからない。警官に聞いても当然教えてはくれない。歌舞伎町生活18年で通報されたことは30回以上ある。そのうち、半分ぐらいはその場で警官に事情説明をして話がつくが、前記のように歌舞伎町交番まで連行されたことが10回ぐらい、交番では埒《らち》が明かないと判断されて新宿署までパトカーで連行されたことが5回ぐらいある。

ぼくに対する通報には、嫌がらせ目的のものが多いと思う。ぼくのような存在を疎ましく感じている住人たちがこの街には大勢いる。路上の客引きや売春婦、わけありのやくざ、ぼったくりバーの関係者、黒人キャッチ——。彼らが通報しているという確証はないが、通報内容が虚偽だらけのことが多いので、たぶん目障りなぼくに対するある種の攻撃なのだろう。

交番内の取調室に通されたぼくは、机の上にポケットの中身を並べて外国人登録書を提示した。手もとの書類を整理していた対面の警官が口を開いた。

「不審な男が階段で女性のパンチラを盗撮してるって110番が入ったんだけど、あなたはパンチラを撮ったの？」

歌舞伎町のハプニングシーンのひとつとして泥酔している女性のパンチラを撮ることもたまにはある。しかし、そのときも必要以上にローアングルから狙ったり、ましてや隠し撮りなんかしない。泥酔した女性がパンツ丸出しで路上に寝転んでいたり、酔っぱらいのカップルが街中でいちゃついているところなどは盗撮するまでもなく、誰でも目撃できる。あえて言うならば、ぼくは常に堂々とパンチラを撮っている。だから、盗撮と勘違いされることは心外だし、今回のように盗撮の疑いをかけられてもぼくは身の潔白を自信を持って証明できる。

「ぼくはパンチラを盗撮なんかしてませんよ。そのカメラに記録されているぼくの撮った写真を見てください。そうすればわかりますから」

デジカメ時代になって撮影枚数が飛躍的に伸びた。一晩で2000～3000枚撮ることはざらだ。そのため撮影した写真を全部見せようとすると何時間もかかってしまう。そこでぼくは、110番通報が入った時間を聞いて通報時間の20分前ぐらいから通報されるまでに撮影した分を見せて効率よく確認作業が進むようにしている。

このようにデジカメはカメラ本体のモニターで撮影画像をすぐに確認できるからいいが、フィルムカメラの時代は本当に大変だった。同じように盗撮を疑われた場合、撮影済みのフィルムをすべて写真屋に持ち込んで、フィルムの現像と写真のプリントアウトが仕上がるまで交番の中で1時間以上も待っていなければならないからだ。

結局、この日も写真の確認作業が終わるとぼくに対する嫌疑はすぐに晴れた。

万引き少年を激写

警官の制止を無視して強引に撮影を続けていると、歌舞伎町交番にしょっぴかれてしまうことがある。交番行きを覚悟の上で撮っているときもあるが、大概の場合は警官の気分次第で決められてしまう。

歌舞伎町交番に連行されると、そこからはお決まりのコースメニューとなる。フィルム時代ならフィルムを全部出せ、デジカメ時代なら撮った画像を全部消せ。その次は反省しているなら始末書（謝罪文、反省文など）を書いて提出しろ、となる。

ぼくは何も悪いことをしているつもりがないので全部を拒否。するとここで運命の分かれ道がやってくる。このとき交番の中にぼくのことを知っている警官がいればギリギリセーフ。事情説明すれば解放されるが、知り合いがいないか、いても助け舟を出してくれない意地悪なヤツだとアウト！　交番から新宿署までパトカーで送ってくれることになる。

新宿署に着くと、ぼくは立派な犯罪者として扱われる。案内されるのは応接室ではなく窓に鉄格子がある取調室だ。だが、まだ脱出するチャンスはある。新宿署にタイミングよく顔見知りの暴力団担当の刑事や生活安全課の刑事がいれば、「何でこいつを連れてきちゃったの。こいつは歌舞伎町のカメラマンだよ」とぼくについて説明をしてくれるが、このラストチャンスを逃すとただ疲れるだけの不毛なやりとりが続き、貴重な時間を浪費することになる。

最悪の一日は、ある万引き事件の逮捕劇から始まった――。

宵の口で靖国通り沿いにある大型量販店は大勢の人たちで賑わっていた。そこに人混みをかき分けるようにしながら制服警官たちが一斉になだれ込んだ。その異様な光景を大型量販店の入口付近で見かけたぼくは、店内で事件が起こったことを直感的に悟り制服警官たちのあとについて店内に潜入した。

店内では若い店員がまだあどけなさが残る男子高校生ぐらいの少年を取り押さえていた。別の店員によれば、少年は万引きしているところを見つかり、若い店員に私人逮捕されたという。駆けつけた警官は少年の身柄を引き取るとそのまま外で待機しているパトカーまで連行していった。ぼくはその一部始終を撮影することに成功。走り去るパトカーの後ろ姿をラストカットにしてその場から退散しようとしたところ、現場に臨場した警官の中で一番偉そうにしていた年輩警官に肩を掴まれた。

「あなた、そこで何をやってるの？」

「ただ写真を撮ってるだけですよ」

「なんで撮るの？」

「一応、メディア関連で仕事をしているカメラマンなので……」

「今回は撮影禁止だから、撮った分を全部消しなさい」

「え、なんでだめなんですか？」

「だから、だめなもんはだめなんだよ。早く消しなさい」

「理由もなく、消すことはできませんよ」

「それじゃ、交番までちょっと来いよ」

高圧的な口調で捲《まく》し立てていた年輩警官は、新宿署員ではなく四谷署からの応援組だった。そのため、ぼくのことを知らなかったようだ。年輩警官はぼくのことを歌舞伎町交番まで連行すると、あとは任せたとばかりに自分はとっとと四谷署に帰ってしまった。

交番内では、年輩警官から引き継いだ警官がぼくに命令口調で指示してきた。

「上司からの命令なので、画像を消しなさい」

ぼくは指示をはぐらかすためと単純な疑問の半々でこう返した。

「さっきのおじさん、四谷署の人なんでしょ？　ここは歌舞伎町なのになんで四谷署のおまわりさんが来たんですか」

「あなたには関係ないでしょう」

少しムッとしたような表情を見せた警官は、途端に言葉遣いと態度が悪くなった。

「いいから早く画像を消せよ。ここで消せないなら新宿署で話を聞くことになるけど、それでもいいのか！」

挑発的な言い方をされぼくは冷静さを失って思わず言い返してしまった。

「新宿署でもどこでも行ってやるよ！」

新宿署の取調室

新宿署ではいつものように取調室に案内された。残念ながらその時間の署内にはぼくのことを知っている刑事が一人もいなかった。

しばらく取調室内で待たされていると、歯磨きしながら入ってきた刑事がいきなり声を張り上げた。

「おまえさ、早く反省文を書いて帰れよ！」

ぼくは刑事の口角についているよだれを見て吐きそうになったが、反論した。

「刑事さん、何の反省文を書けってことですか？」

「いちいち聞くな。何でもいいから反省文をとっとと書けよ」

「反省することがないのに、反省文なんて書けませんよ」

「勝手に写真を撮ったのに、なんで消せないんだ」

「こっちだって仕事で撮ってるんだから、理由もなく消すことはできませんよ」

ぼくと刑事の視線が交差したまま数秒が流れた。息が詰まる時間だったがここで引くわけにはいかない。先に視線を外したのは刑事だった。

「万引きして捕まったやつは中学生なんだよ。少年の写真なんか雑誌に出されたらうち（警察）も困るし、おまえたちだって困るだろう」

「それを知りませんでした。それなら、そのことを編集長に相談してみます。掲載する場合は問題にならないようにしますから」

「編集長って、どこの雑誌だ」

「○○出版の□□□□ですよ。編集部からの依頼で万引き犯という特集企画のイメージカットを撮るために、大型量販店の前でずっと張り込んでいました。1週間待ってようやく撮れた写真なので簡単に消すことはできません」

「どうしても消すことができないのか？」

「できません」

「だめか？」

「だめです」

　ぼくはきっぱりと答えた。警察が未成年の事件に敏感に反応することはよく知っている。少年法の壁があることも何となく聞いたことがある。だが、ぼくだって仕事で撮影をしている。ぼくの一存だけでは消せない写真もある。

　ぼくの頑《かたく》なな態度を受けて、刑事が折れた。

「そういうことなら、もう一度上の方と掛け合うから」

　刑事はそう言い残して取調室を出て行くと入れ替わりで制服警官が現れ、新宿署の5階から6階の取調室に移動させられた。そして、ここからは生活安全課の係長が取り調べを担当するという。

　係長は丁寧な説明をするタイプの刑事だった。ぼくが撮影した万引き犯はやはり中学生で被害金額は2000円にも満たないが、この中学生は万引きの常習犯なので警察としては厳しい指導をするつもりだという。

　それからぼくのことも調べたらしい。過去に何度も歌舞伎町交番や新宿署に連行されて、そのたびに外国人登録書や名刺、プレスカードなどを任意提出しているのでそれらと照合でもしたのだろう。係長は最後にこう話した。

「あなたが何者かはよくわかりました。本当は画像を消していただきたいが、プロカメラマンで撮影するのが仕事ということなので、今回は警告ということにしておきます。ただし、今日撮影した写真を雑誌に掲載するときは中学生がどこの誰か絶対にわからないようにしてください」

「わかりました」と口約束をすると、ぼくはようやく新宿署から脱出することができた。歌舞伎町交番に連行されてから4時間以上が経過していた。

警察の捜査には協力しない

最後に登場してきた生活安全課の係長とは後日談がある。数日後に新宿署内で鉢合わせしたのだ。この日は連行されたわけではなく用事があって新宿署に来ていた。係長に軽くあいさつをすると、係長は内ポケットから名刺を取り出し、「今後は何かあれば電話してくださいよ」と言われた。ぼくは名刺を受け取りはしたが、自分から係長に電話をすることはなかった。なぜなら、ぼくに近づいてくる刑事たちの理由はひとつ——歌舞伎町のディープな情報を仕入れるためだ。

「歌舞伎町にいる韓国人やくざの知り合いは？」

「どの店に不法滞在者が多いの？」

「最近、流行ってる本番ができるマッサージ店はどこ?」刑事たちはぼくに「やばい店はどこにあるの?」と必ず聞いてくる。もちろんそれには答えない。と、いうか、本当に知らないので答えようがない。

それから、「あの事件（摘発）のときに撮った関係者や野次馬の写真を見せてくれ」と頼まれることも多い。そういうときは、決まってこう返答するようにしている。

「撮りたかったけど、あなたたち警察が撮るなって言うから撮りませんでしたよ。今度からはぼくの撮影を妨害しないでちゃんと撮らせてくださいよ」

そもそも、ぼくには警察の捜査に協力する気はない。警察には警察の仕事があり、カメラマンにはカメラマンの仕事がある。まして、警察という権力機関を監視するのがメディアの役割のひとつでもある。だからぼくは、ぼくのような立場で警察の捜査に協力することはナンセンスだと考えている。これまでにも警察の捜査に協力したり、写真提供したことは一度もない——いや、違う。正確には一度だけある。

ある泥酔者が路上駐車している車のドアや路上の看板を蹴っ飛ばしてへこましたり、壊したりする事件があり、〝目撃者〟として警察の捜査に協力をした。

そのときは、警察と関わるのは面倒だからと警察を敬遠する人たちの気持ちがよくわかった。警察に協力するのは本当に面倒なのだ。でも、これが、自分の車だったらたまらないな……と思い協力した。泥酔者の傍若無人ぶりはあまりにも酷く目に余るものがあったからだ。

最後まで悩んだが、結局、泥酔者の乱行ぶりを撮った写真は1枚も警察に提供しなかった。あくまでも目撃者として目撃談を語るだけにしておいた。それがぼくなりのポリシーでありプライドだからだ。

防犯カメラの功罪

2002年2月、防犯対策の一環として歌舞伎町に導入された「街灯防犯カメラシステム」。警視庁のホームページなどによれば、歌舞伎町内にはドームカメラ44台、固定カメラ11台の計55台が設置されており、このカメラが撮影した映像は新宿警察署および警視庁本部で専従の担当者が24時間体制で監視している。現在、このシステムは渋谷、池袋、上野、六本木、錦糸町エリアでも運用されている。

歌舞伎町が防犯カメラだらけの街になって最初に感じた変化――。それは、警官たちの態度がどこかよそよそしくなったことだ。次は出歩くやくざの人数。これも明らかに少なくなった。不審な人物や路上駐車も激減した。そして最も影響を受けたのが、麻薬の密売人たちだ。

防犯カメラが設置される前は、薄暗い駐車場や路地裏などで麻薬が密売されていたが、設置後は壊滅。某コンビニの軒先では密売人が客から現金を受け取ると、その場で堂々とブツを手渡していたがそんなシーンも見かけなくなった。

この事象だけを捉えて「防犯カメラ＝安全な街」と結論づけるのは早計だろう。やくざや麻薬の密売人とその客が消えたのはカメラの前からだけで、彼らは地下に潜行して活動するようになっただけだ。そのことは、防犯カメラのようにこの街を定点観測し続けているぼくにはわかる。ときとして、ぼくは防犯カメラ以上の目撃者となることもある——。

当たり屋レディ

彼女は歌舞伎町界隈では悪質な「当たり屋」として有名だった。30代のスレンダーボディー。髪型は軽くウェーブのかかったセミロング。どこからどう見ても、彼女はそんなことをするタイプには見えないが、だからこそ怖いのだ。

手口は古典的。歌舞伎町内を流しているタクシーにわざとぶつかり、ケガをしたと主張。タクシー会社から治療費や示談金をせしめることで小遣い稼ぎをしていた。彼女のバックにはやくざがついているとの噂もあるが真相はわからない。

初夏の深夜。風林会館の前にある喫煙コーナーで煙草を吸いながら一息ついていると、ぼくの目の前に彼女が現れた。彼女は忙《せわ》しなく視線を左右に走らせ、落ち着きが無い。その様子はまるで獲物を物色している肉食動物のようだった。

ぼくは直感的に彼女がこれから〝仕事〟をすると思った。短くなった煙草を灰皿で揉み消すと、ぼくは彼女の背後にまわりながらズボンの右ポケットにいつも忍ばせているコンパクトカメラを取り出した。

「痛い！　何すんのよ！」

渋滞でだらだら運転をしている1台のタクシーに彼女が絡み出した。彼女は血がにじんでいる左膝を指差し、運転手に抗議している。ぼくはその模様を撮影することに成功。その写真が週刊誌で特集されると意外なところから反響があった。彼女に絡まれたタクシー会社からこのような問い合わせがきたのだ。

「現在、弊社は写真に出ている女性と係争中です。この写真を撮ったカメラマンは事故の一部始終を目撃している可能性があるので紹介してもらえませんか。それから、モザイク処理をしていない写真も提供してもらえませんか」

週刊誌に掲載された連続写真では、タクシーに絡む前から彼女の左膝はうっすらと赤くなっているようにも見える。その部分だけで考えれば、彼女はタクシーにぶつけられたと主張する前からすでに左膝をケガしていた可能性があり、裁判などでそのことをぼくが証言すればタクシー会社としては有利な展開になるのだろう。

最終的にぼくはタクシー会社からの申し入れを断った。そもそも、事実関係を調べるのは警察の仕事だと考えているし、彼女がいつどのタイミングでケガをしたのかは知らないのでタクシー会社に協力のしようがない。カメラマンの仕事は写真を撮ることだけだ。写真から類推できることに言及すべきではない。写っているものが事実であり、それがすべて——これが協力拒否の理由だった。

取材活動を続けていく中で「貸し借りの関係」が大事だと言う人がいる。確かにそういう一面もあるのだろうが、こと歌舞伎町においてはその関係は成立しないことが多い。特にぼくの場合は、貸しをつくっても、借りは絶対につくらない。それは、相手が警察でもやくざでも、だ。一方的に貸しをつくるだけなのでその分だけ損をすることにもなるが、ぼくはそこに歌舞伎町で生き抜く上で一番重要な「距離感」を見いだしている。

警察は警察、やくざはやくざ——。それ以上もなければ、それ以下もない。この両者とは常に一定の距離を保ちながら接しなければ、あっという間に取り込まれてしまう。そうなってしまえば、ぼくは死んだも同然だ。この街で18年も写真を撮り続けることはできなかっただろう。

クボキ班長

歌舞伎町交番の警官たちにぼくは嫌われていた。ある警官は通り過ぎるときに必ずと言っていいほど、「登録書、持ってる?」とわざと聞いてきた。警官にしてみれば常時携帯が義務付けられている「外国人登録書」(当時)のチェックをすることは当たり前の行為なのかもしれないが、何日間も同じことを繰り返してやられるのはあまり気分のいいことではない。数時間前に、ぼくの登録書を確認したばかりじゃないか――。無駄な抵抗と知りつつ、ぼくは軽口をたたく。

「登録書はもう売っちゃったよ」

警官相手だとこの冗談が通じないことがある。「ダメだよ。ちゃんと持ってないと。捕まっちゃうよ」とご指導いただくのはまだいいほうで、意地の悪い警官だとこれ以降は会うたびにしつこく絡んでくる。しかも、その手のタイプが上司だった部下は例外なくみんな意地が悪くなる。それを仕事熱心といえばそうかもしれないが、ぼくにすればただの嫌がらせでしかない。そんなあまりいい印象がない警官が多い中で、一人だけいまでも忘れられない警官がいる。

メガネの班長ことクボキ警部補――。ぼくが歌舞伎町で暮らすようになって5年ぐらいが経ったころ、クボキ班長は歌舞伎町交番に配属されてきた。柔道選手のようなごつい身体。銀縁の大きなメガネ。一見するとクボキ班長は強面タイプの堅物警官の雰囲気があるが、実は警官らしくない考えの持ち主だった。

ある日、さくら通りと東通りを結ぶ路地で、黒人の客引き同士の乱闘が発生。警察よりも早く現場に駆けつけたぼくは、黒人の迫力にびびりながらも間近で撮影していた。

ぼくより遅れること約3分。ようやく歌舞伎町交番の警官たちがぞろぞろとやってきた。ぼくは警官たちの様子も撮影していたが、ぼくの存在に気づいた若い警官がレンズに手を向けながら「撮っちゃだめだよ！」とぼくに近づいてきた。ぼくは若い警官の手を避けるようにしてさらに撮影を続けていたが、とうとう若い警官に腕を押さえつけられてしまった。ぼくと若い警官は揉み合うようにしながら「撮影をやめろ！」――「手を放せ！」と言い合いをしていた。

そこへ現場の責任者らしき中年警官から声がかかった。

「おい、手を放しなさい。警察がジャーナリストの取材活動を妨害してはいけないよ」

え？――ぼくは自分の耳を疑った。てっきり中年警官はぼくに対して嫌味を言ってくるものだと思っていた。ところが、中年警官はぼくの手を押さえつけている若い警官に対して手を放せと指導したのだ。これには心底驚いた。ぼくのことをジャーナリストとして認めてくれたこともうれしかった。渋々と現場に戻っていった若い警官の肩越しに中年警官の顔を見た。ぼくの視線を感じたのか中年警官は一度だけ頷いた――。それがぼくとクボキ班長の出会いだった。

それ以降、クボキ班長は街中で会えば「よお、いい写真を撮れてるか」とぼくに声をかけてくれるようになった。

「この前の現場にもいたんだってな。いつもがんばってるね」と肩を叩いてくれたときは泣きそうになるぐらい感激した。やくざや警察からいつも睨《にら》まれる立場にあるぼくの毎日は孤独の連続だった。そんな状況の中で、ぼくのようなカメラマンのことを理解してくれるクボキ班長は貴重な存在だった。仲間と呼ぶには立場も年齢も違いすぎたけど、ぼくはクボキ班長のことを先輩のように慕っていた。

クボキ班長の大手柄を撮ることができたのはそれから数カ月後のことだった。

「これがアンフェタミンだよ」

部下の警官と歌舞伎町をパトロールしていたクボキ班長が覚醒剤の密売人を現行犯逮捕したのだ。残念ながら、ぼくが現場に到着したときは、密売人の身柄はすでにパトカーに乗せられていたが、現場ではクボキ班長らが小分けにされた覚醒剤の袋（通称：パケ）の検証作業をしていた。ぼくは人混みに紛れて、クボキ班長の視界に入る場所まで近づいた。

クボキ班長はぼくを見つけると白い結晶が入ったパケを両手に持って「これがアンフェタミン（覚醒剤の一種）だよ」と写真を撮らせてくれた。その様子を見ていた別の警官が「カメラはダメだよ！」と制止しようとしたが、クボキ班長は「いいから、いいから。大丈夫だよ」と言いながら何事も無かったように検証作業を再開した。

通常であれば証拠品でもあるパケを撮らせるようなことは絶対にあり得ない。もし強引に撮ろうとすれば、まちがいなく公務執行妨害で逮捕されてしまうだろう。

クボキ班長がぼくにパケを撮らせてくれたのは、「歌舞伎町で麻薬を持っていれば必ず捕まるぞ！」というメッセージをリアルな写真で伝えるためだったと思う。当時のぼくは、まだまだ駆け出しでプロカメラマンとはいえない立場だったけど、このときのことはいまでも鮮烈に覚えている。覚醒剤の現物をちゃんと撮れたのは最初で最後の経験だった。

その後も、クボキ班長との交流は約2年続いたが、クボキ班長からは他の警官のように「勝手に撮るな！」と怒鳴られることが一度も無かった。また、「警官が職務を執行するときは、常にカメラの存在を意識して緊張しながら取り組むべきだ」というのがクボキ班長の口癖だったと後輩警官から聞いたときは、思わず目頭が熱くなった。

クボキ班長との別れは突然だった。数週間、クボキ班長の姿が見えなくなったことを不審に思ったぼくは勇気を出して交番を訪ねてみた。交番にはたまたま顔見知りの警官がいてクボキ班長は渋谷署に栄転したことを教えてくれた。ぼくはお礼の一言がどうしても言いたくて、その足で渋谷署に向かった。

クボキ班長は満面の笑みでぼくを迎えてくれた。

「クボキさん、いろいろとお世話になりました」

「おう。最近の歌舞伎町はどうだよ。いい写真は撮れてるかい？」

「いや〜、クボキさんがいないから、ぜんぜん撮れないですよ。早く歌舞伎町交番に戻ってきてください。寂しいですよ」

「おうおう。わざわざ来てくれてありがとな。これからもがんばれよ」

「ありがとうございます。クボキさんはもう歌舞伎町の住人じゃないんだから、お茶でもしましょうよ」

「おう。今度な」

あれから10年以上の月日が流れた。残念ながらクボキ班長とお茶を飲む機会は無かったけど、いまでもクボキ班長には感謝している。

第４章　歌舞伎町の住人たち

歌舞伎町の住人たちにとって、四六時中、カメラをぶらさげて歩いているぼくのような存在は厄介者でしかない。

写真の持つ力は絶大だ。目の前の光景をありのままに切り取り、事実として冷酷に記録する。カメラは使い方を誤れば殺傷能力が高い凶暴な武器になる。たった1枚で写された人間を生かすことも、殺すこともできる——。

生存本能が強い歌舞伎町の住人たちはそのことを肌感覚で知っている。それゆえにぼくは一部から蛇蝎《だかつ》のごとく嫌われている。

例えば、売春婦——。彼女たちが客を引いているところを撮り、その写真が雑誌に掲載されれば、彼女たちは警察当局にマークされることになるだろう。いくら彼女たちの顔などにモザイク処理をしたとしても、背景から撮影場所を特定することはいくらでもできる。最悪の場合は、その写真がきっかけで彼女たちは逮捕されてしまうだろう。

売春は違法行為。それは厳然たる事実だ。だが、彼女たちにとっては売春が唯一の仕事であることも事実だ。これは善悪で片付けられるほど単純な話ではない。例えそれが違法行為であったとしても、彼女たちにとっては仕事であり、生きるために売春をしている。売春をしなければ明日からは路頭に迷うことになる。

ぼくには他人の仕事を奪う権利はない――。歌舞伎町の住人たちにレンズを向けるときは、いつもそのことを肝に銘じている。

だから、ぼくは売春婦を肯定も否定もしない。売春行為を強要されたり、女性が未成年だった場合は論外だが、成人女性が自分の意思に基づき、客との間で合意（例えそれが金銭的な合意であっても）が成立しているのであれば、その両者に対してぼくがどうのこうの言う立場にはないと考えている。

もちろん、自分なりの結論にたどり着くまでにはずいぶんと悩んだ時期もあった。さすがに女子高生など未成年の少女たちが食い物にされる「援助交際」を初めて目撃したときは黙っていられなかった。ぼくは一度だけ自分から少女に声をかけてトラブルに巻き込まれてしまった過去がある――。

ある日の夕方。西武新宿駅の近くにあるコインロッカーの前で制服から私服に器用に着替えている女子高生を見かけた。公衆の面前で女子高生は制服のスカートの中にズボンをはいて肌や下着が露出しないように工夫をしていた。せめてトイレの個室で着替えればいいのに――。アラフォー世代のぼくには10代の感覚がまったく理解できなかった。

1時間後。私服に着替えた女子高生を再び目撃した。今度は職安通り側にある西武新宿駅の北口付近。ズボンの柄が特徴的だったのですぐに思い出した。

この女子高生はこんなところで何をやってるんだろう——最初は素朴な疑問だった。携帯電話を片手に誰かを探していた女子高生は、やがて初老の男性に声をかけた。その男性は女子高生から見ればお父さんというよりもおじいちゃんに近い感覚だろう。ぼくは嫌な予感がして二人から目が離せなくなった。

女子高生と初老の男性は、短い言葉を交わすと少し距離を空けながら同じ方角に歩き出した。そのよそよそしい態度から、二人が今日会ったばかりの他人同士であることが伝わってくる。二人は大久保病院の脇を通り過ぎるとその先にあるラブホテル街へ進んでいった。

援助交際（エンコー）——ぼくの疑念は確信に変わった。たぶん、女子高生が制服から私服に着替えているシーンを目撃していなければ気づかなかっただろう。女性の年齢を見分けることは本当に難しい。相手が成人女性だったら、ぼくの一声は余計なお世話以外の何ものでもない。場合によっては彼女の「仕事」を邪魔したことになるかもしれない。

でも、そのときは黙っていられなかった。ぼくは偶然とはいえ彼女が女子高生であること、二人が他人同士であることを知ってしまった。一度大きく息を吐き出すと、ぼくは勇気を出してラブホテルの入口で二人に声をかけた。

「ちょっと待ちなさい。二人は知り合いじゃないでしょう。いまそこで出会ったばかりじゃない。しかもあなたは高校生でしょう。エンコーはだめだよ！」

初老の男性よりも女子高生が先に反応した。

「あなたには関係ないでしょ！」

敵意をむき出しにした表情の女子高生はカバンから携帯電話を取り出すと、「いま、変なカメラマンに絡まれています」といきなり110番に通報した。ぼくは女子高生の態度に唖然として、すぐには返す言葉が見つからなかった。気がつけば、初老の男性の姿は消えていた。

ぼくらのもとへ駆けつけてきた制服警官は、女子高生の味方ばかりをしてぼくの話にはほとんど耳を傾けてくれなかった。おまえは変な写真でも撮ったのか？――どうやら警官たちはぼくが女子高生を盗撮したと誤解しているようだった。近くの歌舞伎町交番に連行された女子高生とぼくは、それぞれ1階と2階に分かれて事情聴取が行われた。

あとから知ったことだが、このときのぼくは「痴漢冤罪《えんざい》」の被害者になる寸前だったという。被害を訴える女性の証言だけが信用されて、何もしていないと男性がいくら事情を説明しても警官たちは聞く耳を持たない。ぼくのときもこのパターンとまったく同じ展開で、警官たちは「女子高生のエンコーとおまえの盗撮は関係ないだろう」の一点張り。挙げ句の果てには、こんなことまで言い出した。

「おまえはあの女子高生の親でもなければ親戚でもない。声をかけたのは注意するためじゃなくて興味があったからだろう。いったいどんな写真を撮ったんだよ」

話がまったく通じない。未成年の援助交際を問題にするべきところを、警官たちはぼくがエンコー少女に通報されたことだけを問題にしようとしている。

「だから、カメラに記録されている写真を見れば、変な写真を撮っていないことがわかるでしょう」

ぼくのカメラには無実の証拠がある。だが警察はそれを認めようとはしない。いつの間にかぼくに対する嫌疑が、「変な写真を撮った」から「変な写真を撮ろうとした」にすり替わりつつもあった。これでは何をどう説明しても埒が明かない。結局、ぼくだけ新宿署コースとなった。

反省文

新宿署ではマル暴担当の刑事に「てめえ、何やったんだ！」といきなり罵倒された。そして、歌舞伎町交番の警官が作成した報告書のようなものを見ながら、「おまえはスケベカメラマンなのか？」「女子高生のパンチラを撮ったんなら写真を消せよ！」

と一方的に盗撮犯の扱いをされてしまった。

弱い立場の人間——女子高生にまずは味方するという警察のスタンスは理解できる。ぼくも女性を守ることが男の使命だと思う。だが、取り調べは取材と同じで不偏不党、公正中立で臨まなければ、事実を曲解する危険がある。今回のように被害者とされる女子高生（女性）が悪意を持った内容で通報をしている場合もある。それは多発する痴漢冤罪事件のケースからもわかるように常に想定すべき事象だ。

ぼくは必死になって弁解したが、こちらの事情は一切無視。マル暴担当の刑事は「この野郎、早く写真を消せよ！」と声を張り上げるだけ。思い込みだけで頭ごなしに怒鳴りつけるやり方に怒りを感じたぼくは、「よし、こうなったらとことんやってやろうじゃないか」と徹底抗戦の構えをとった。

写真をすべて消せ——消せません。

反省文を書け——書きません。

帰りたければ警察の言うことを聞け——聞きません。

2時間以上も続いた押し問答に嫌気がさしたのか、マル暴担当の刑事はギブアップ。選手交代とばかりに今度は温和な感じの中年刑事が出てきた。ぼくは手間を惜しまずいちから事情を説明した。

「ぼくは韓国人のカメラマンで、5年ぐらい前から歌舞伎町をテーマに写真を撮り続けています。今日はたまたま見かけた女子高生がエンコーをしようとしていたので注意をしたら、逆ギレした女子高生に通報されてしまい新宿署まで連れて来られました」

めんどくさそうにぼくの話を聞いていた中年刑事が冷静な声でつぶやいた。

「大人の中には、エンコー少女を買う人もいれば、あなたみたいに注意する人もいますよ。我々は他にも仕事がありますし、あなたも早く帰りたいでしょうから、今回の件は早く済ませましょう。反省文をささっと書いてくれればすぐに終わりにしますよ」

中年刑事は白紙の用紙を机の引き出しからつまみ上げると、ぼくに女子高生を見かけた瞬間から写真を撮るまでの一部始終と、盗撮に勘違いされるような行為は二度としませんという反省文を書けと迫ってきた。

反省すべきことがないから反省文なんて書けない。むしろ、反省すべきは女子高生や女子高生と援助交際をしようとした初老の男性のほうだ。ぼくは中年刑事に用紙を押し返した。

「自分の目で見たことなので許せないものは、許せないです。あの女子高生やおじいちゃんはこのあとどうなるんですか?」

「それはうちのほうでちゃんと処分しておきますから」

「それならその処分の内容を聞かせてください」

ここで中年刑事の言葉が詰まり、少し困ったような顔をした。ぼくは目を逸《そ》らさなかった。しばらくの沈黙。中年刑事のほうが引いた。

「それでは、あなたはもう何も書かなくていいからお帰りください」

形勢逆転。それでもぼくは食い下がった。

「女子高生に声をかけた以上、ぼくにも責任があります。このあとどうなるのか最後までちゃんと教えてください。教えてもらえるまでぼくはここから一歩も動きません！」

中年刑事はあきれたような表情をしたが、それでも少しだけ教えてくれた。

「いま、女子高生の両親をこっち（新宿署）に呼び出しています。両親にはわたしから注意をしておきます」

ぼくはその言葉を聞いて少し安心した。あとは家族の問題だと思った。中年刑事に「怖い思いをさせるつもりはなかった。突然声をかけてごめんなさい」と女子高生への伝言をお願いしてぼくは新宿署をあとにした。

あの女子高生はきっと悪い子じゃない。彼女なりの事情があってエンコーをしていたんだと信じたい。ラブホテルに向かう道中で見せた女子高生の寂しげな背中がいまでも忘れられない。

ホストに前蹴り一発

「おい、おまえはどこのカメラマンだ」

朝方の区役所通り。自宅へ帰る途中、タクシー待ちをしていた3、4人のホストの近くを通りかかったとき、べろべろに泥酔した金髪が絡んできた。ぼくは一晩中歩いた疲れでへとへとだった。とてもじゃないが酔っぱらいを相手にする元気はない。ぼくは金髪の声が聞こえなかったふりをしてそのまま通り過ぎようとした。

「今日は何の取材で来たんだって聞いてんだよ！」

金髪が語気を強めた。粘着質な目で睨みつけながらぼくの行く手に立ちはだかる。

「おい、無視してんじゃねえよ！」

ぼくは金髪の視線から逃れて、適当に返事をしながらその場を切り抜けようとした。

「だいぶ酔ってるみたいですから、早く帰ったほうがいいですよ」

「なんだと、こら！」

ぼくの冷めた対応が気に入らなかったのか、金髪はぼくの上着やカメラのストラップを乱暴に掴んできた。ぼくは金髪の手を軽く持ちながら「さあ、早く帰りましょう」と促したが、金髪は掴んだ手を執拗に突き上げてくる。それでも動じないでいると、金髪は殴る真似をしてぼくを威嚇してきた。

金髪の右拳がぼくの左頬に軽く当たった。痛さはほとんど感じなかった。我慢できる限界はそこまでだった——。これ以上、金髪がエスカレートする前に事態を終息させる必要がある。そう判断したぼくは、金髪の腹に海兵隊仕込みの前蹴りを一発入れた。

急所の鳩尾《みぞおち》は外しておいたが、金髪は一発でダウン。腹を抱えるようにして路上にうずくまっている。ぼくは金髪の反撃に備えて身構えていたが、金髪の仲間たちが「すいません。すいません」と謝りながら割って入ってきたので、その場はそれで終わった——。

後にも先にも、ぼくが歌舞伎町の住人に手を出した（足を出した）のはこれだけだ。あのときは乱闘にならなくて本当によかった。もし派手な殴り合いにでもなっていれば、その噂はあっという間に歌舞伎町を駆け巡り、かなりややこしいことになっていただろう。ホスト個人はもちろん、ホストクラブにはやくざのケツ持ちがいる可能性が高い。やくざが出てくると話が途端に拗《こじ》れることが多い。

もちろん、歌舞伎町で写真を撮っていれば絡まれることはしょっちゅうだ。カウントしたことがないので正確な回数は不明だが、この街に密着した18年間でおそらく100回以上はああだこうだと難癖をつけられてきた。

対応の仕方はいろいろあるが、総じて知らんぷりをするよりは、すぐに「ごめんなさい」と頭を下げてその場から速やかに離れるようにしていた。それが一番禍根を残さないことになる。絡んできた相手にいちいち応対していたらそれだけで疲れてしまうし時間の無駄だからだ。

「ゴンさん、助けてくれ！」

これも日韓共催W杯の恩恵か――。２００２年、世界的なサッカーイベントで盛り上がる六本木の路地裏で、歌舞伎町交番の裏にある雑居ビルの地下で、ぼくは中東系と思われる髭面の男たちに「ナイフ」を喉元に突きつけられた――。

それは、ある写真週刊誌からのオファーがきっかけだった。当時、日本に潜入していると噂されていた「フリーガン」（暴動などを起こす熱狂的なサッカーファン）の実態を撮影するために彼らが集まりそうな六本木界隈を連日連夜、探索していた。

この時期は、同じことを考えている雑誌やカメラマンが多く、六本木の街角では同業者をよく見かけた。実話雑誌などで活躍していた中国人カメラマンの周さん（仮名）もその中の一人だった。

「ゴンさん、助けてくれ！」

六本木交差点近くの路地裏から周さんの叫び声が聞こえてきた。周さんとぼくのつき合いはそれほど長くはないが、ストリートスナップを撮る外国人カメラマン同士として頻繁に情報交換をする間柄だった。周さんのほうがぼくよりも少しだけ年上だったこともあり、ぼくは同業の先輩としてそれなりに敬意を払って周さんに接していた。しかし、このときはしてやられた。ぼくは周さんに裏切られて思わぬトラブルに巻き込まれた。

「どうしたんですか、周さん！」

助けを求める声がした場所に駆けつけると、そこには彫りの深い顔をした中東系の男たちに囲まれた周さんがいた。ぼくの気配に気づいたリーダー格の顎髭《あごひげ》が振り向きながら「おまえも仲間か」とカタコトの日本語で聞いてきた。髭面の手には刃渡りが20センチぐらいあるサバイバルナイフが握られていた。

街灯を受けて鈍い光を放っているサバイバルナイフ。冷や汗で背中がべとつく。刃を凝視しながらぼくは答えた。

「えぇ、まあ、知り合いといえば、知り合いですが……」

たぶん、ぼくの声は震えていたと思う。顎髭がサバイバルナイフの切っ先をぼくに向けながらまたカタコトの日本語で聞いてきた。

「おまえもカメラマンか？」

ぼくはしかたなしに頷く。

「それなら、おまえもこいよ」

顎髭とその仲間たちに囲まれた周さんとぼくは、そのまま近くにあった雑居ビルの地下フロアに降りる階段の踊り場に連れ込まれた。絶体絶命のシチュエーション。表通りからぼくたちの姿は見えない。異常な緊張と顎髭たちの独特な体臭が入り交じり、ぼくは何度も吐きそうになった。

「おまえらは警察(の回し者)じゃないのか?」

顎髭がサバイバルナイフをちらつかせながら聞いてきた。どう答えるべきか考えながら周さんの横顔をちらっと見ると、周さんの唇はわなわなと震えているだけで何か言葉を発する様子は見られなかった。

このまま黙っているとますます勘違いされてしまう。周さんを尻目にぼくが口を開いた。

「ぼくたちはただのカメラマンです。彼が中国人でぼくが韓国人。チャイナとコリア、わかりますか? ぼくたちは街のピクチャーを撮ってます」

日本語がどこまで通じるか不安だった。途中から下手な英語と写真を撮るジェスチャーを交えながら弁解した。髭面たちはわかったような、わからないような表情をして仲間同士で何かを囁《ささや》き合っている。

そのときだった——。一瞬の隙をついて、周さんがその場から逃げ出した! 階段を駆け上がる周さんの背中がもの凄い早さで遠ざかっていく……。

これで終わりだ。完全に終わった。ぼくの人生はずいぶんとあっけない終わり方をするんだな……。

不思議な感情が芽生えた。人間が死を意識するとこんな気分になるのか。刺されて殺されると自覚した途端、ぼくを置き去りにして自分だけ逃げた周さんに対する怒りが吹き飛んだ。周さんのことなんか、もうどうでもよかった。六本木に来る前に食べた牛丼の味が恋しくなった。ぼくはそっと目を閉じた。

顔にも、腕にも、腹にも、痛みは襲って来なかった——。あれ？　ぼくは恐る恐る目を開けてみた。そこにはぼく以上に動転している顎髭たちがいた。「ポリス」という単語が聞こえた。たぶん髭面たちは周さんが警察に助けを呼びに行ったと勘違いしている。

一瞬、このパニックに乗じて逃げ出す考えが頭をかすめたが、ここで下手に動けば間違いなく殺されると思い踏みとどまった。ぼくはただじっとしているしかなかった。そのうち、顎髭たちが英語なのか彼らの母国語なのかよくわからない言葉で怒鳴り合いを始めた。ぼくの目には仲間割れをしているように見えた。

少し興奮気味の顎髭がサバイバルナイフを仲間に手渡すと、ぼくの肩に掛かっていたカメラバッグを強引に奪い取った。髭面はバッグの中を漁《あさ》ってぼくの財布とカメラを取り出すといきなり地上に向かって投げつけた。カメラが地面に当たる嫌な音が聞こえた。

そして、ぼくに向かって犬を追い払うように、手であっちに行けという仕草をしながら何かを言っている。「早く消えろ！」という意味の変なアクセントの英語だけは聞き取れた。

ぼくは這いつくばるようにしてその場から逃げ出した。手と足を使って階段を昇りきると、急いで投げ捨てられたカメラを探した。無惨な姿のカメラはすぐに見つかった。

カメラは使い物にならなくなってしまったが、刺されないだけましだった――。ぼくはそう思うようにしてその日の出来事はすべて忘れるようにした。そうしなければ、怖くて街を歩くことができなくなってしまうからだ。

ところが、悪夢は再び起きた。

人生最大のピンチ

六本木の恐怖体験からわずか2週間後。今度は歌舞伎町で外国人マフィアにまたもやナイフで脅されてしまったのだ。

歌舞伎町交番の近くで200ミリの望遠レンズを使って街の風景を撮影していると、ファインダーの死角から男たちの手が何本も伸びてきた。不意をつかれたぼくは、何もすることができなかった。上着やリュックサックを掴んだ毛むくじゃらの手に引きずられるようにしてぼくはそのまま交番の裏にある雑居ビルの地下に連れ込まれた。

当時の歌舞伎町では、中東系の男たちが路上で「偽造テレフォンカード」の闇取引きをしていた。販売価格は10枚で1000円程度。使用済みのテレフォンカードに特殊な細工がされており、公衆電話に差し込むと正規品と同様に使えた。携帯電話が現在のように普及しておらず、公衆電話は貴重な連絡手段だった。そのため、電話代がタダ同然に安くなる偽造テレフォンカードは飛ぶように売れ、あっという間に蔓延していた。

ぼくを拉致した男たちも、偽造テレフォンカードの闇取り引きをしている中東系のグループだった。数分前、ぼくは男たちの密売シーンをカバンにセットしたカメラで隠し撮りすることに成功していたが、どうやらそれが男たちにばれていたようだ。

男たちに引きずり込まれた地下のスペースは、エレベーターホールのような場所だった。路上からは見えない死角。交番のすぐ裏だというのに逃げ場がない。

「おまえは何者だ、何者だ!」

数人の男たちに囲まれたぼくは、そのうちの一人に果物ナイフを喉元に突きつけられた。2週間前に見たサバイバルナイフに比べれば果物ナイフは小振りでかわいいが、恐怖感は段違いで今回のほうが強かった。原因は男たちの目だ。全員の目が虚ろで視線が定まっていない。身体も酔っているようにふらふらしていた。

ドラッグ――。たぶん男たちはドラッグをきめている。この状態では何を話しても通じないだろう。このままでは、やばい。やばすぎる。今度こそ殺される！　人生最大のピンチにぼくはびびりまくった。絶体絶命の窮地がこう何度も続く自分の運命を呪いまくった。

金だ。ぼくは咄嗟に思いついた。地獄の沙汰も金次第というじゃないか。しかし、貧乏カメラマンのぼくに手持ちの現金はほとんどない。財布の中身はあっても3000円。そこでぼくはカメラをプレゼントするから許してくれと男たちに懇願した。カメラは2週間前に六本木で壊されたのでこの数日前に買い替えたばかり。中古品だが財布の3000円よりはだいぶましなはずだった。

カメラを差し出すぼくの動きが抵抗していると勘違いされてしまったのか。喉元に突きつけられていたナイフにぐっと強い力が入った。ぼくは慌ててナイフを持っている男に目を向けると、その男の目は虚ろではなく血走っていた。やばい――ぼくの身体が凍りついた。

それからは、まさに地獄だった。同じ地下フロアにあるバーからぞろぞろと男たちの仲間が出てくると、エレベーターホールは満員電車のようなすし詰め状態になった。

　意味不明の言葉を叫んでいる男。手をつないで踊っている男同士。この場にいる男たちのテンションは異常に高い。みんな気分が高揚している。

　そこでぼくは思い出した。男の仲間たちが出てきたバーは歌舞伎町で有名な「薬局」だった。そのバーの常連客はドラッグをやりながら、朝までクラブで踊りまくっているという噂は何度も耳にしたことがある。

　ナイフの男とは別の男にカメラをひったくられた。その男はカメラの取り扱いに慣れている様子で、手際よくカメラの裏蓋を開けるとフィルムを抜き出した。さらに、このときリュックサックに入れてあった未使用&撮影済みのフィルム30本ぐらいを全部没収すると「とっとと消えろ」と顎で指図した。

　ぼくはその男からカメラだけ奪い返すとダッシュでその場から逃げた。すぐ目の前には歌舞伎町交番があったが、ぼくは駆け込むようなことはしなかった。警察が外国人相手にまともな対応をするとは思えないし、交番に被害を訴えたところで奪われたフィルムが戻ってくることは絶対にないからだ。

　この街で生き抜くためには自分の身は自分で守るしかない。

　それが歌舞伎町のルールだ。

「謎の一団」を狙撃撮影

皇室関係者がホストクラブにお忍びで来ている――。
知り合いの客引きと立ち話をしているとき、ぼくの携帯電話に仰天情報が飛び込んできた。連絡をくれたネタ元については詳細を書けないが、そのネタ元はガセネタを流すようなタイプではない。それだけに情報の取り扱いに悩んだ。仮に皇室関係者の意外すぎる一面が撮れたとしても、その写真を掲載してくれる雑誌がはたしてあるのだろうか――。

韓国の新聞社などから依頼があれば委託カメラマンとして皇室関連行事の取材や撮影に行くことはあるが、それ以外で皇室関連の写真を撮る機会はゼロに等しい。
日本人のアイデンティティーやマインドとも密接に関連していることでもあるので、韓国人のぼくが日本の皇室について発言することは差し控えるが、日本のメディア界において皇室の話がある種のタブーになっていることは外国人のぼくでもわかる。ただし、タブーになる理由はよくわからないが……。

迷ったときは撮ってから考えろ――ぼくのモットーだ。カメラマンは写真を撮ることが仕事であり、撮った写真の扱いについては撮れてから考えればいい。撮る前から撮った後のことを考えても意味はない。考えるよりも先に動くタイプのぼくは現場に急行した。

あるホストクラブの近くまで来ると、店から少し離れた所に黒塗りの国産高級車が3台連なって停まっているのが確認できた。クラウンとクラウンの間にセンチュリー。車種は珍しくないが、クラウンに挟まれたセンチュリーの四方に黒いスーツの男たちが立っているのは異様な光景だった。

運転手が運転席や車の近くで待機していることはよくあるが、黒いスーツの男たちは運転手ではなくボディーガードのような風貌だった。全員が鍛え上げられた締まった身体をしており、右耳に透明なイヤホンをしていた。

ぼくの携帯電話に続報――センチュリーの主はお供を何人か従えながら大きな花束を持ってホストクラブに入っていったという。店に自分のお気に入りホストがいるのか、誰かの紹介なのか来店の目的は不明だが、皇室関係者と噂されているセンチュリーの主は確かに存在していた。

ぼくはもう一度、ホストクラブとセンチュリーの位置関係を確認した。両者の距離はおよそ30メートル。これが普段のケースであれば店の真正面で出待ちして、出てきたところをコンパクトカメラで隠し撮りする「接近戦」を選択するシチュエーションだが、センチュリーの主にはお供がいるようなので下手に近づくと妨害されてしまう危険性があった。

それに、店の近くで姿をさらしながら張り込むことがそもそも難しそうだ。同じ場所に10分も立っていればセンチュリーの四方に立っているボディーガードにチェックされてしまうだろう。最悪の場合は、力ずくで排除されてしまう可能性もある。

ぼくに残された選択肢はひとつ——狙撃撮影。

ホストクラブから出てくるセンチュリーの主を狙うために、ぼくは店の出入口が見渡せる位置にある斜め向かいの雑居ビルに酔っぱらいのふりをして入っていった。そして何食わぬ顔でエレベーターに乗り込むと最上階である5階の表示パネルを押した。目指す場所は5階の角にある非常階段だ。

雑居ビルの非常階段はビルの内側にあるタイプだった。そのことを知っていたぼくは非常階段の5階と4階の間にある踊り場スペースを狙撃場所に決めていた。なぜなら、踊り場には換気用の小さな窓があり、その窓の下部分にあるレバーをひねって持ち上げるとビルの外側に約10センチ、窓が開く構造になっていたからだ。

これだけの隙間があれば外を覗くことができる。窓はやや高い位置にあったので、ぼくは5階のエレベーターホールに置いてあった四角い形をしたステンレス製の灰皿を踏み台の代わりとして少しの間だけ借りることにした。

灰皿の踏み台は最初こそバランスを取るのに苦労したが、すぐに慣れた。もし誰かが通りかかったとしても灰皿があるので喫煙所のふりができる。窓の隙間から覗き込むような体勢でカメラを構えるのは腕が痺《しび》れて難儀だったが、とりあえずホストクラブから出てくるセンチュリーの主を狙撃できるポイントに陣取ることができた。

そのままの姿勢で1時間が過ぎた。

時刻は午前5時近く。人通りはほとんどない。眠気を覚ますために立て続けに煙草を吸っていたので喉が痛くなっていたが、他にやることがない。ぼくはポケットからくしゃくしゃになったマイルドセブンのソフトケースを掴み上げると、最後の1本をくわえた。100円ライターで煙草に火をつけようとしたとき、ホストクラブの店先で動きがあった。店内から露払い役のホストたち4、5人が出てきた。ぼくは最後の1本を吹き飛ばすと200ミリの望遠レンズを窓の隙間にねじ込むように構えて、呼吸を整えながらその瞬間を待った。

40秒後――大勢のホストたちに見送られながら大きなサングラスをかけた女性が店から出てきた。

あれがセンチュリーの主なのか――。女性は背がやや高め。スレンダーボディー。たぶん30代。露出度の高い黒のワンピース姿は想像よりもずっと若かった。焦る気持ちをなだめるように、ぼくは右手の人差し指をゆっくりと動かした。

狙撃完了――ホストクラブからセンチュリーに乗り込むまでの連続写真を撮ることに成功した。

やった、撮れたぞ！　うかれそうになる自分をスナイパー時代の習慣が押さえ込んだ。ぼくは念のためそのままの姿勢で待機。センチュリーの一行が走り去るのを待ってから撤収するつもりだった。

しかし、センチュリーの一行はエンジンをかけたままその場から動こうとしない。どうした。早く帰れ——ぼくの中で焦りと不安がもの凄い勢いで膨張していく。ぼくの狙撃撮影は完璧だったはずだ。海兵隊時代を彷彿とさせる完全秘匿のスナイパースタイル。外からこの雑居ビルを見上げても、非常階段の窓がちょっと開いている程度。窓の隙間からぼくがレンズを構えて狙っていることなどわかるはずがない……。

その慢心が何かのミスを誘発したのかもしれない。自覚症状はゼロだが、そう考えなければこの異変の説明がつかない。自分に対する疑念はやがて決定的となった。

やばい！　ばれた！

窓の隙間から下を覗くと、黒いスーツのボディーガードたちがぼくのいる場所を指差しながら何かを話し合っている。

やばい！　ばれた！

　ぼくはすぐにその場から逃げようとしたが、すでに下から階段を駆け上がってくる足音が聞こえてきた。当然、エレベーターに乗って1階に降りても扉の前で彼らが待ち構えているはずだ。これが映画なら主人公のぼくは屋上へ逃げて隣りのビルに飛び移ったり、どこかの扉を蹴破って店内に隠れているのだろう。あるいは、メモリーカードをすり替えたり、どこかに隠すなどしておけばその場を凌《しの》げたのかもしれないが、現実の世界はそう甘くない。どうしよう、どうしよう……と気が動転していたぼくはすぐに両肩を掴まれてしまった。

　ぼくを捕らえたのはホスト風の男たちだった。階段を歩かされ1階にたどり着くとそこでボディーガードたちと合流。男たちに囲まれたぼくはそのままホストクラブの近くにあるビルの一室に連行された。

　部屋の入口付近には、ビールサーバー用のアルミ樽が山積みになっていた。もしかしたら、ここはホストクラブの倉庫なのかもしれない。パニック状態の頭でそれ以外のことを確認する余裕はなかった。

　ぼくはダンボールのような箱の上に座らされた。ボディーガードによる尋問が始まった。

「おまえは、あの場所で何をやってたんだよ」

「おまえは、どこの何者なんだよ」

「おまえは、今日のことを誰から聞いたんだよ」

怒鳴り声を覚悟していたが、尋問役のボディーガードは意外なほど静かな口調だった。そのギャップに驚き、尋問役の顔を見た。冷徹な目をしていた。ぼくは恐怖が倍増した。

「たまたま……見かけただけです……」

ネタ元だけは明かせない。例え殴られてもそれだけは言えない。情報源の秘匿――ジャーナリストの鉄則。そんなかっこいいもんじゃない。ぼくの場合は、ネタ元のことをしゃべれば、ネタ元に殺されるかもしれないから言えないだけだ。ネタ元以外についてもごまかそうとした。無駄だった。

「ぼくは韓国人のカメラマンです。センチュリーが停まっていたのでかっこいいなと思ってビルの非常階段から歌舞伎町の風景写真として撮っていました……」

「馬鹿野郎！　つまんねえ冗談なんか言ってんじゃねえぞ。おまえは、誰の指示で動いてんだよ」

尋問役がついにキレた。腹に響く声で凄《すご》まれた。だが、ぼくがカメラマンなのはうそじゃない。そのことだけは必死になって説明した。

「本当にぼくはカメラマンなんです。写真週刊誌のグラビアページなどで写真を発表しています」

「カメラマンだと？　それなら今日撮った写真をどうするつもりなんだ」

「写真は撮ってません……。たまたま見ていただけです……」

　このとき、ぼくが愛用していたカメラは40万円で買った中古のニコン・D2。当時は一眼レフのデジカメがいまほど普及していなかったので、デジカメの操作方法を知らない人が多かった。警官などに撮った写真を見せるときもぼくが自分でプレビューの操作をしてモニターに写し出していた。

　ぼくはそこに賭けた——。プレビューの操作をするときにやばそうな写真をこっそり消して「証拠隠滅」を図ろうとした。だが目論見はあっさりとはずれた。

　尋問役の後ろに立っていた別のボディーガードが床に置かれていたぼくのD2を拾い上げると、慣れた手つきでプレビューの操作を始めた。D2の背面にあるモニターに次々とぼくが撮影した写真が呼び出される。あるところで写真をチェックしていたボディーガードの手が止まった。尋問役の方へD2のモニターが向けられた。そこには、ホストクラブから出てきた大きなサングラスをかけた女性がばっちりと写っていた。

「おまえ、やっぱり撮ってるじゃないか！　殺すぞ！」

　尋問役がさらにぶちキレた。ぼくは集団リンチされるかもしれないと思い身体を丸めたが蹴りではなく詰問が飛んできた。

「おまえは、あの店に誰が来たのか知ってるのか？」

「まったく知りません」

「知ってるから写真を撮ったんだろうが」

「本当に知りません」

「だったら、何で写真を撮ったんだよ」

「女性がきれいだったのでついシャッターボタンを押して……」

「ふざけるんじゃねえ！　本当に殺すぞ！」

耳元でまた怒鳴られた。尋問役は「女性が誰だか知っているのか」と執拗に聞いてくる。いったい誰なんだ、あの女性は――。必死に考えたが思いつかない。これまでに一度も見た記憶がない。

プレビューの操作をしていたボディーガードが、1枚ずつ写真を消去した。よほどカメラに詳しい人物なのか、最後にはメモリーカードの初期化までしていた。これで写真は完全に消滅した。

「写真は無くなりました。もう大丈夫です」

そう言い残して、そのボディーガードが部屋を出ていくと、ぼくの肩を掴まえたホストたちも一斉に引き上げた。部屋には尋問役のほか2名のボディーガードとぼくだけが残された。尋問役以外のボディーガードがぼくの所持品を勝手に調べ出した。尋問役は黙ったまま冷徹な目でぼくを見ていた。

「こっちも大丈夫です」

所持品検査役の一人から声がかかると、尋問役はようやく口を開いた。

「いいか、今日のことは誰にも言うなよ。今回だけはおまえの話を信じてやる。ただし、もう二度と歌舞伎町には来るな。次は怖い思いだけじゃ済まないぞ」

ぼくの返事を聞かずに尋問役たちは姿を消した。しばらく足の震えが止まらなかった。ぼくは転がるようにして倉庫から表に出た。当然ながらセンチュリーの一団はもといた場所にはいなかった――。

数カ月後、センチュリーの主が出てきたホストクラブは中国エステに衣替えした。店の経営者も別人になったらしい。

あの日、ぼくが撮影したセンチュリーの主はいったい誰だったのか。それはいまだに謎のままだ。ぼくにはサングラスをかけた女性という記憶しか残っていない。

実態なき外国人マフィア

日本人から見れば、ぼくも外国人の一人だからだろう。歌舞伎町で暗躍している「外国人マフィア」についていろいろと知っているはずだ、と勘違いされることが多い。最悪なケースになると、あいつはマフィアと交流がある、とか、マフィアのメンバーだ、と誤解されていたこともあった。

外国人マフィアの中でも特に凶暴で残虐なイメージが強い「中国人マフィア」については、やくざも警察もメディアも興味があるらしく、よく問い合わせを受ける。例えば、警視庁本部の刑事から電話があったときはこのように答えている。

「ぼくより刑事さんのほうが絶対に詳しいですよ」

これはブラフでも謙遜でもない。ぼくの本心だ。

確かに、マフィアと呼ばれるようなアウトロー集団はこの歌舞伎町にも潜伏しているのだろう。日本人の中に善良な市民がいればやくざもいるように、中国人にも、韓国人にも一定の割合でやくざのような存在がいても不思議ではない。ただし、日本のやくざと違って中国人や韓国人のマフィアの動向を把握することは至難の業だ。

これはよくメディアなどでも言われていることだが、中国人などの外国人マフィアたちにはやくざのように母体となる表立った組織がない。それゆえに、マフィアのメンバーとメンバーじゃない人間の線引きが難しく、実態がよりわかりにくくなっている。

マフィアが目に見える形で動いていれば、ぼくが10年以上かけて歌舞伎町内に張り巡らせたネットワークにひっかかるはずだが、彼らはアンダーグラウンドでしか活動しないためぼくにとっては知られざる存在だった。

情報だけでも勝負できる記者ならアンダーグラウンドの世界まで深追いしたかもしれないが、ぼくは写真を撮ってなんぼのカメラマン。マフィアと接触ができたとしても彼らのことを撮れなければ意味がない。

はっきり言ってしまえば、ぼくはマフィアに興味がないのだ。得体の知れない存在は恐怖の対象でしかない。だから、日本のやくざに対するスタンスと同じようにマフィアに対しても深く知ることはあえて避けている。

とはいえ、在日韓国人のアウトローたちとは「同胞」として交流せざるを得ないときもある。これは中国人マフィアにも同じことがいえるようだが、彼らはみんな生業を持っているので最初のころは相手がマフィアだとは知らずに接していることが多い。

90年代後半、歌舞伎町にまだ活気があったころには、韓国人アウトローたちはホストクラブやデートクラブをこぞって経営していた。

日本のやくざが商売敵となるこの動きを黙って見ているわけがない。やくざは自分たちの組織にいる在日韓国人を動員して韓国人アウトローたちの動きを封じ込めようとした。その結果、歌舞伎町の路地裏では、韓国人同士が殴り合いの喧嘩をすることになった。ぼくはそのような悲しいシーンを何度も見たことがある。

00年代の中頃には景気低迷の影響で歌舞伎町マネーが目減りした。それにともない韓国人アウトローたちの店も人数も減っていき、やがて自然消滅した。ただし、これで終わったわけではない。強《したた》かな韓国人アウトローたちは「韓流ブーム」の追い風を受けて一斉に大久保地区に進出。そこで大きな成功を勝ち取る者やブームの終焉にともない多額の借金を背負う者など悲喜こもごものドラマがあった。

黒人客引きたちの正体

ぼくの理解では「客引き」と「キャッチ」は似て非なる者だ。

路上で不特定多数の客を勧誘して店に案内することを商売にしている点は両者に共通しているが、案内先には大きな違いがある。

客引き——案内するのは特定の店

キャッチ——案内するのは客の要望に沿った店で、なおかつ自分とバックチャージ契約を結んでいる店

この違いをわかりやすくいえば、客引きは店の従業員で、キャッチはフリーの案内人となる。例えば、カラオケ店の客引きなら自分の店にしか案内できないが、キャッチならカラオケから風俗店までどこでも案内できる。

どちらにも一長一短があり、グレーゾーンも多い。それゆえに両者は一緒くたに扱

われることが多いが、ぼくの中では冒頭にも書いたように別物という認識がある。ただし、本書ではぼくのこだわりよりもわかりやすさ重視のため、この両者を区別せずにすべて「客引き」として表記している。

ここ10年の歌舞伎町で最も勢力を拡大したのは、あの客引きたちだ――。

「ヘイ、ブラザー！　アニキ、イイオンナ、イルヨ」

カタコトの日本語で通行人に声をかけるアフリカ系の黒人客引き。彼らの仲間内には昔から歌舞伎町で立っていた古株も見かけるが、そのほとんどは、2008年後半のリーマンショックによる不景気で食いぶちを求めて六本木などから流れてきた新顔だった。

歌舞伎町の路上には〝暗黙のルール〟が存在する。客引きはそれに従い自分のエリアだけで商売をする。このスタイルは、無駄な争いを避けるために生まれた「商習慣」のようなものだろう。

文化や風習の違いからか、黒人たちはルール無視のやりたい放題を続けていた。大柄で腕力もある彼らは喧嘩がめっぽう強い。日本人相手にびびることがほとんどない彼らにとってケツ持ち制度はほとんど意味をなさない。一説では、黒人客引きの半分以上はケツ持ちをつけずに路上で商売をしているともいわれている。

通行人や他の客引きとのトラブルが絶えない黒人たちと路上を仕切る地回りのやく

ざが衝突するケースもある。見せしめのため黒人がやくざに刺される事件が発生したこともあった。黒人たちの間では、やくざとトラブルになったら歌舞伎町から逃げればいいというタイプが多いという。

知り合いの客引きと黒人が喧嘩をしているときは、両者を指差しながらぼくが仲裁役をやることもある。

「あなたとあなたはぼくの知り合いだから、喧嘩の写真を撮っても雑誌に売れないでしょう。だから喧嘩はやめなさいって」

不思議なことにこう言われると喧嘩する気が失せるらしい。

ぼくが知り合いになる黒人の多くは韓国ソウル市のグローバルな観光特区・梨泰院《イテウォン》経由で日本に来ている人たちだった。彼らは韓国語をしゃべれるのでどこか懐かしい印象を受ける。生まれはナイジェリアやスーダンだが、韓国との交流事業の一環で両国の出身者にはビザが発給されやすいため、彼らは韓国に出稼ぎにくる。

梨泰院の周辺には在韓米軍基地があるため外国人である彼らにとってはソウルやプサンなどの中心街よりも住みやすかったのかもしれない。基地の周辺には、ナイジェリアやスーダン出身者のコミュニティーがいくつもあり、そこを頼りにして彼らは集まってくる。そして、アクセサリーの販売や飲食店の経営などで成功する者もいれば、何かしらの理由を抱えて日本を目指す者たちもいる。

黒人客引きの中には、韓国や中国のデートクラブに客を案内するグループもいる。店側からみれば、誰が連れてきても客は客だから関係ないのかもしれない。歌舞伎町の夜の国際化はここまできている。

一方、この10年で激減したのが韓国人の客引きたちだ。20年前ぐらいの韓国エステブームのころは歌舞伎町にも大きなグループがいくつかあったようだが、ぼくの知る限り、いまでは3人いるか、いないかのレベルになっている。それに引き替え、中国人の客引きグループは着実に増えているようだ。

そのことは、日本へやってくる観光客の構成比をみれば一目瞭然だ。いまは中国人の全盛期だ。当然、歌舞伎町へ来る中国人も多く、必然的にそれらを相手にする客引きも増えるのだ。ぼくの印象としては、韓国人の団体客は週に1、2組だが中国人（台湾、上海、香港を含む）の団体客は毎日のように何台ものバスで押しかけて来る。しかも、1組当たりの人数は50人なら少ないほうで100人単位はざら。需要と供給のバランスで考えれば、中国人相手の客引きが増えるのは当然であり、観光客目当ての店がどんどん出てくるのも経済の法則通りなのだ。

デートクラブ

2008年の前半。北京五輪（同年8月8日〜24日）が開催される数カ月前から歌舞伎町ではある異変が起きていた。それまで目の敵にされていたはずの中国系の違法風俗店がほとんど摘発を受けなくなっていたのだ。

中国に対する政治的な配慮か、それともただの偶然か――。具体的なことはわからないが、毎日のように歌舞伎町をパトロールしているぼくには不思議な感じがした。

違法風俗店にもいろいろあるが、代表選手は「デートクラブ」だろう。クラブのような店内で酒を飲みながら気に入ったホステスがいれば外に連れ出すことができるシステム。店側は客とホステスの間における自由恋愛という建前で両者の行為には関知しないということになっているが、実態は売春行為を斡旋しており、管理売春そのものだ。

ぼくが知るだけでも歌舞伎町には数十軒のデートクラブがある。日本系、韓国系、中国系、上海系、台湾系、ロシア系、北欧系などジャンルはさまざまだが、やはり日本人の店が一番多い。

2000年前後には韓国系が全盛期を迎えており、ホステスに支払う金額はショート（2時間）で4万円、ロング（一晩）で8〜12万円ぐらいだったという。そのころは、ほとんど摘発がなかったので日本に留学している素人の大学生などが割のいいバイトとして普通に売春をしており、それを目当てに男たちが群がっていた。現在は人数だけでいえば、中国系が圧倒的に多いが、金額でいえば日本人が一番高い。知り合いの客引きによれば、おおよそのショートの相場は日本人が4～5万円、韓国人が3～4万円、中国人が2～3万円ぐらいらしい……。

ちなみに、日本に来た外国人の男性がエッチしたい相手は日本人である。そのため、韓国人の客引きが韓国人の観光客を案内するのは日本人がいる店となる。韓国人は高くても日本人の女の子と遊びたがる。逆に日本人の男性が韓国人の女の子と遊びたいから、韓国人の客引きに自ら声をかけることもあるという。

家出少女の真実

歌舞伎町を漂流する家出少女たち――。毎年、夏休みの時期がやってくるとテレビの制作会社からこの手の企画が持ち上がり、ぼくに取材協力の要請がくる。家出少女を紹介してくれませんか、と。

テレビ関係者は夏の風物詩として考えているようだが、家出少女たちに季節は関係ない。彼女たちは1年を通して歌舞伎町にやってくる。

そのことを知っているので、ぼくはテレビ関係者からのオファーをほとんど断っている。季節ネタの扱いが気に入らないわけではない。家出少女の取材はとても難しくて時間がかかるので、テレビ関係者が望むような2日間でぱっと撮ってすぐに放送するようなスタイルには馴染まないからだ。

ぼくが見る限り、ニュース番組などのワンコーナーで取り上げられている家出少女たちは出来すぎだと思う。ニセモノとまでは言わないが、彼女たちはテレビ側が望む〝家出少女のイメージ〟を再現できるだけの余裕が心にある。

この余裕があるかないかは重要で、ぼくが歌舞伎町で見かける家出少女たちは精神的に限界まで追い込まれている子が多く、まともに会話することができない。2回、3回と接触を重ねてようやく打ち解けてきたと思ったら突然連絡が取れなくなってしまい取材を打ち切るケースがほとんどだった。

まれに取材できそうな子がいても、彼女たちの傍らにはケツ持ちのようなヒモ男がいる可能性もあるので慎重に対応しないと思わぬとばっちりを食うことになる。エンコーもメディアからの取材も一緒だと考えている家出少女たちは多い。取材謝礼を払えばあることないことをいくらでもしゃべってくれる子はいるが、それでは本当の意味での取材ではない。ぼくはドキュメンタリー取材のテーマとして家出少女の成長過程を追いかけたかった。

「岐阜ちゃん」との再会

「岐阜ちゃん！」

数年前の秋。ぼくはコマ劇前の広場で5年ぶりに彼女と再会した。岐阜県の出身だから岐阜ちゃん。当時22歳。突然声をかけられて最初はびっくりしていたが、すぐにぼくのことを思い出してくれたようだ。

「あっ！　カメラマンさんだ！」

人懐っこい笑顔でぼくに手を振ってくれた——。

岐阜ちゃんと初めて会ったとき、彼女はまだ17歳の少女だった。コマ劇周辺で何度か見かけるうちにぼくは「何をやってるの？」などと当たり障りのない内容で声をかけるようになり、段々と言葉を交わすようになっていった。岐阜ちゃんはエンコー少女特有の雰囲気を持っていたが、実際の年齢を聞くまでは未成年（ぼくの基準は18歳以下）だとは思わなかった。

自分のことをほとんど話さない岐阜ちゃんが、一度だけ過去の話を教えてくれたことがあった。聞いているだけでも胸が締めつけられる壮絶な内容だった。

岐阜ちゃんは小学6年生のときに母親の再婚相手（義理の父親）からレイプされた。最初のころは自分が父親に何をやられているのかわからなかった。しばらくして父親の行為に嫌悪感を覚えて逃げようとしたが激しい暴力を振るわれた。父親の暴力が怖くてその日から考えることを一切やめた。嫌な時間は早く終われと目を閉じて念じることしかできなかった。

週に1、2回のペースで父親からレイプされたり暴力を振るわれる生活が2年ほど続いたある日、岐阜ちゃんに転機が訪れた。父親にレイプされているところを母親が目撃したのだ。

岐阜ちゃんは母親が救ってくれると思った。これで嫌な時間を過ごさなくてすむ。助けて、お母さん――。

しかし、母親は父親ではなく娘の岐阜ちゃんを激しく叱責。父親と一緒になって暴行した。

もう限界だった。レイプと暴力をくり返す父親。それを知りながら助けてくれない母親。耐えきれなくなった岐阜ちゃんは親も実家も学校も友達もすべてを捨てて飛び出した。

目的地は憧れの都会、東京・渋谷センター街。岐阜ちゃんは渋谷にさえ行けばなんとかなると本気で思い込んでいた。

知り合いはゼロ。頼るべき場所もない。わずかな所持金のみで上京した岐阜ちゃんは最初の1週間はセンター街にある商業ビルやゲームセンターなどを転々としながら過ごしていた。疲れたらコンビニの前で居眠りをしていたという。

そこから先は家出少女の悲しい活路。生きるためのエンコー。セックスなんてどうでもいいじゃん。お金をもらえるなら父親にレイプされるよりましじゃん――。

まだ15歳だった岐阜ちゃんはエンコー相手に困らなかった。おとなの男たちが次々と群がった。岐阜ちゃんはそのままセンター街周辺で1年くらい暮らし、その後は池袋や新宿でもエンコーをやるようになり歌舞伎町でたまたまぼくと出会った。

ぼくは岐阜ちゃんを叱るために声をかけたわけではない。彼女の人生に対してえらそうに説教をするつもりも毛頭ない。ただ、彼女の話を聞きたかった。

売買春、とくに未成年者が対象となるようなエンコーに関しては買うおとなのほうに問題があると思う。少女を買うおとながいるから身体を売る少女がいる。この不幸な連鎖を止めるには少女を買うおとなを根絶することが理想だが、現実的にはいきなりゼロにすることは困難だろう。

おとなだけでなくエンコーをする少女たちも同時に減らしていくことが必要であり、そのためには岐阜ちゃんのようなエンコー少女たちが生み出されてしまう原因を探ることから始めるべきだと思う。

ぼくはこれまでに数十人のエンコー少女たちに出会い、話を聞く機会があったが、彼女たちのほとんどが家庭の問題に苦しんでいた。少女たちにとっては家庭がすべてだ。学校でつまずくことがあっても、家庭が少女たちの傷を癒してくれれば立ち直れる。しかし、最後の拠り所であるはずの家庭が少女たちの傷を化膿させている——。

ぼくはそのことを考えるきっかけとなるような記事を提供することが、歌舞伎町をテーマに選んだカメラマンとしての使命だと信じている。

結局、17歳だった岐阜ちゃんは、エンコーや自分の過去について少しだけ教えてくれたあとぷつりと姿を消してしまった。後ろ姿を撮影しているときに気がついた無数にあったリストカットの痕については何も聞けなかった——。

あれから5年。歌舞伎町で再会した岐阜ちゃんはメイクをばっちり決めた大人の女性になっていた。

「久しぶりだね。いま、何をやってるの？」

「キャバクラで働いてるよ」

「ちゃんと働いてるんだ。すごいじゃん」

「まあね」

「この5年ぐらい、どこで何をやってたの？」

「会っていきなり取材かよ！」

「だってぼくはカメラマンだからさ」

「もうエンコーなんかしてないから、わたしを撮っても意味ないよ」

「そんなことないよ。元エンコー少女が美人キャバ嬢になって立派に更生してるって
グラビア記事を週刊誌に売り込むよ」

「ほんとに？　だったらアイドルみたいに撮ってよね」

「よし！　歌舞伎町のアイドルってことで〝KBC48〟だな」

ぼくと岐阜ちゃんは声を出して笑い合った。

第5章　中国へ　~脱北者と四川大地震~

「在日」から「中国」へ

歌舞伎町に長年密着しながらこの街のありのままの姿を撮り続けてきたぼくは、「歌舞伎町カメラマン」や「歌舞伎町スナイパー」と称されることが多い。それはとても光栄なことで新聞やテレビなどで紹介されるたびに誇らしく感じるが、自分で名乗るときは「ドキュメンタリー写真家」という肩書きを使うようにしていた。

理由はふたつある。ひとつは語感。日本のメディア界では、事実を記録するという意味の言葉として「ルポルタージュ」や「ノンフィクション」なども混在して使われているがぼくは「ドキュメンタリー」という響きが好きだった。もうひとつは歌舞伎町以外にも長年追いかけている取材テーマがあったからだ。

1994年に来日して4年後の98年からフリーカメラマンとして活動を始めることになった経緯は前述したとおりだが、歌舞伎町と出会う前の時期に知人からの紹介でいわゆる「在日」と呼ばれる在日韓国・朝鮮人の存在にも着目していた。ほぼ同時期に「在日」関係者のつながりから「元ハンセン病患者」との交流も始まるがそのことについては後述する。

「在日」は日本社会におけるマイノリティー（少数派）といえるだろう。悲しい差別の歴史もある。ぼくは「在日」の問題を象徴する場所（京都府のウトロ地区や東京都江東区の東京朝鮮第二初級学校など）に足を運び、そこで生きる人々をフラットな視点で撮り続けてきた。日本人と「在日」に文化や習慣の違いがあったとしても、両者は同じ人間だ。ぼくは「在日」の日常風景を撮ることでそのことを表現したかった。

やがて「在日」から派生した少数派に対するぼくの関心は、中華人民共和国（中国）のある地域に住む朝鮮族へと向いていった――。

ここでは、歌舞伎町からいったん離れて強烈な体験をした「中国取材」について語っていこう。

「朝鮮族」と「脱北者」

延辺《えんぺん》――中国の吉林省《きつりんしょう》南東部にある朝鮮族自治州。

人口約200万人のうち4割弱を朝鮮族が占める延辺は、ロシアや朝鮮民主主義人民共和国（北朝鮮）と隣接しており、中朝の国境沿いを流れる河川・豆満江《とまんこう》は北朝鮮を脱出する難民（脱北者）が越境するエリアとして知られている。

1999年ごろから「在日」取材の延長でぼくは延辺に住む朝鮮族を取材する機会があり同地をたびたび訪れていた。多いときでは年に2、3回行くこともあり、定期的に連絡を取り合っている人たちもいた。

ぼくは「在日」と同様に延辺に住む朝鮮族の日常風景を撮りたかった。中国が抱える少数民族の問題は根深いが、ぼくは純粋に住人の暮らしを知りたかった。それと延辺では朝鮮語（韓国語）で会話できるのでぼくには通訳が不要だった。住民たちと直接コミュニケーションをもつことができるので、ぼくは取材を重ねていった。

延辺に通い出してしばらくすると、朝鮮族の住民たちから「あの人は脱北者なんだよ」と紹介される機会がたびたびあった。その人数の多さに驚きもしたが、脱北者の中には延辺で金を稼ぐと再び北朝鮮に戻る人たちもおり、この地では脱北者に関する話題は決して珍しいものではなかった。

２００２年、その状況が一変した。同年5月に発生した瀋陽《しんよう》の日本領事館に脱北者の親子5人が駆け込んだ事件や、同9月に実現した日朝首脳会談の影響で北朝鮮関連の報道が過熱すると、延辺にいる脱北者の手引きをしているコーディネーターや脱北者を支援するＮＧＯ（非政府組織）などの団体と日本のメディアを橋渡しする「脱北ブローカー」たちの暗躍が始まった。

脱北者の情報は金になる――。延辺にいる有象無象の輩が群がった。その中では、まともな脱北ブローカーに大金を握らせて脱北者取材に成功するメディアもあれば、なりすましの偽物にガセネタをつかまされて詐欺被害に遭うメディアもいた。

幸か不幸か、当時のぼくは日本一の貧乏カメラマンだったので、脱北者取材の波に乗ることはできなかった。ぼくはもともとの知り合いだった〝本物〟の脱北ブローカーから脱北者の話はいろいろと聞いていたが、脱北者取材のセッティングを依頼できるほどの余裕が懐になかった。

脱北者を撮る

ぼくの風向きが変わったのは2003年だった。前年6月に開催された日韓共催W杯の追い風を受けてぼくの写真が出版社に売れ出した。その勢いは年が変わっても続き、ぼくの写真を大手週刊誌が競うようにグラビアページで取り上げてくれた。そのおかげで日本一の貧乏カメラマンからの脱出に成功。わずかだが蓄えをつくることもできた。そこでぼくは、遅ればせながら脱北者の撮影に挑戦することを考えていた。動機は極めて単純だ。当時、報道されていた脱北者の映像や写真は、昼間の明るい時間帯に撮影されたものがほとんどでぼくにはリアリティーが感じられなかったからだ。

脱北者の多くは国境警備兵の監視を逃れるため「冬の夜」に越境する。中朝国境を流れる豆満江は川幅が狭いので泳いで渡ることもできるが、寒い時期になれば川が氷結するので走って渡ることができるようになる。しかし、脱北者にとっては最適な環境である「冬の夜」は、カメラマンにとっては最悪の撮影条件となる。そのせいもあって、脱北者の映像や写真は昼間のものが多かったのかもしれないが、それでは脱北者の実態を記録できていないとぼくは思った。

どうせ脱北者を狙うなら誰も見たことがない写真を撮りたい――。迷いは無かった。ぼくはあえて「冬の夜」を選択。歌舞伎町取材で身につけた夜間撮影の技術で勝負することにした。

2003年10月、ぼくは延辺を訪問。知り合いの脱北ブローカーに協力を依頼した。

「夜間に脱北してくる脱北者の姿を撮りたいのでセッティングしてください。脱北者たちの亡命先などを支援することはできませんが、写真や映像が撮れたらそれに対する謝礼はちゃんとお支払いします」

脱北ブローカーたちは、脱北をビジネスとして考えているので、こういうときはシンプルに交渉したほうが話はスムーズに進む。

ぼくは、1週間の滞在で移動用の車も用意してもらうことを条件に、脱北ブローカーに日本円で約2万円の日当と約5万円の謝礼を支払うことを約束した。ただの通訳の日当であれば日本円で3000円ぐらいで十分なので、ぼくが提示したのは破格の条件だった。

脱北ブローカーからはすぐにOKが出た。これで契約成立。お互いの連絡先を交換しながら握手をすると、ぼくは日本に帰国した。

脱北ブローカーからの一報を待つ間、ぼくが着手したことは夜間撮影用の赤外線ストロボを準備することだった。秋葉原などの専門店で1台あたり1万円ぐらいで販売されている改造品なら、正規品よりも目に見えない赤外線の発光量が強力なので夜間でもより遠くの被写体を撮影することができる。

防犯上（盗撮防止のため）詳細を書くことはできないが、ぼくは赤外線ストロボを装着するカメラも自分で改造。この当時は、ビデオカメラも併用していたので、ビデオカメラも（フィルム）カメラと同じように撮影中に光が一切漏れない特別仕様に仕上げた。ぼくは右手にカメラ、左手にビデオカメラを構えて撮影するつもりだった。

国境地帯のような厳重に警備されている場所では、わずかな時間でも光を発すれば狙撃される可能性がある。韓国海兵隊のスナイパーだったぼくはそのことを熟知しているので、撮影機材については念には念を入れて確認した。当日は掌や指の感覚だけでカメラを操作することになるので、ぼくは自室を真っ暗にして何度もテスト撮影をくり返した。

スクープ撮影に成功

2004年1月。脱北ブローカーからの連絡を受けたぼくは極寒の地を再訪していた。

約束どおり脱北ブローカーには1週間分の日当や謝礼として日本円で約20万円を支払った。ぼくが支払った分を脱北ブローカーと脱北者がどのように配分するのかは最後まで教えてくれなかった。おそらく、脱北者の手に渡るのは1、2割程度なのだろう。

数日後、脱北が決行される夜を迎えた。ぼくは本番までに現場の下見をしたかったが、脱北ブローカーに拒否された。結局、下見なしの一発勝負――ぶっつけ本番でやるしかない。ぼくは脱北ブローカーが運転する四輪駆動車の後部座席に乗り込んだ。四輪駆動車は、延辺の市街地を抜けると豆満江沿いの土手を走っていた。日本の道路のようにちゃんと整備はされていない。道の表面はでこぼこだらけだ。震度3～4の揺れに耐えること約1時間。四輪駆動車は土手から川岸へ下りるスロープ状の砂利道で停止するとエンジンをストップ。ここで脱北者が近くに来るまで待つという。

外気温は零下20度以下。エアコンが止まった車内はすぐに冷凍庫のようになった。厚着はしてきたが寒さの質が日本とは違う。経験したことのない寒気が手の先やつま先から襲ってくる。ぼくは腕や足を小刻みに動かして寒さに耐えた。そのままの状態でぼくは3時間近く待たされた。あたりはすっかり日が暮れて真っ暗になっていた。

「車を降りて」

運転席の脱北ブローカーが唐突に囁いた。ぼくは小さく2、3回頷くと四輪駆動車のドアを静かに開けて車外にすべり出た。ここから脱北者との合流地点である川岸までは約50メートル。脱北ブローカーの先導でぼくは薄暗い道を歩きだした。足下は凍った雪で滑りやすくなっている。普段の倍以上の時間をかけてぼくたちは慎重に進んだ。

途中、凍った雪を踏みしめる足音が対岸まで届くような気がして、一歩進むたびに不安が増幅した。あたりはそれぐらい静かだった。ぼくはたまらず立ち止まり、小さく深呼吸した。零下20度の大気に吐き出した息は真っ白になった。

合流地点に着いたぼくは目の前に広がる暗闇に目を凝らした。そこには凍結した豆満江の川面があるはずだが何も見えなかった。いまさらながら脱北ブローカーが新月の夜を決行日に選んだ理由を悟った。

暗闇に目が慣れてくるとだんだんと凍結した川面の輪郭が見えてきた。それでも視界はおよそ3メートル。この寒さだとバッテリーの消耗が激しいので、赤外線ストロボをフル発光できるのは3回が限度だろう。まさに撮り直しがきかない一発勝負。ぼくはこの日のために改造したカメラを取り出すと、自分の体温で暖めていたバッテリーをセットしてその瞬間を待った。

10秒が何分にも感じられる。極度の緊張状態。自分の呼吸音すら邪魔だった――。

「来るよ！」

脱北ブローカーが押し殺した声で叫んだ。ぼくは息を止めて耳をすませた。前方の暗闇から雪上を走る複数の足音が聞こえてきた。ぼくは聴覚だけを頼りに足音のする方角に向かってシャッターボタンを3回押した。

1回目と3回目は焦りが原因で失敗したが、2回目は10メートルぐらい先にいる脱北者3人の姿が写っていた。

また、シャッターボタンを押す直前に録画ボタンを押しておいたビデオカメラは、こちらに向かって来る脱北者3人の姿をしっかりと捉えていた。

やった、撮れたぞ！　ぼくは「冬の夜」に脱北者のスクープ撮影に成功した。

息を切らしながら走ってきた脱北者3人は親子だった。50代後半の夫婦と10代後半の娘。脱北者の親子と

脱北する瞬間の撮影に成功！

合流したぼくたちは急いで四輪駆動車まで戻ると、延辺まで移動する車内でぼくはビデオカメラを回しながらインタビューを始めた。

3人の男に拘束

驚いたことに脱北者の父親は青森県出身の「在日」だった。父親によれば北朝鮮には帰還事業（1950年代から1984年まで続けられた日本から北朝鮮への集団的な移住）で帰国したという。だいぶ忘れてはいたが日本語も少し話せた。脱北をした理由は中国に行けば豊かな暮らしができると思ったから。亡命先など、このあとのことについては脱北したばかりのいまは何も考えられない様子だった。

父親のとなりに座っていた母親は緊張が解けず固い表情のままだったが、そのとなりにいた娘はほっとしたような表情でときおり笑顔を見せていた――。なお、この親子についてはまだ延辺界隈でひっそりと暮らしている可能性があるので、名前や出身地などの詳細については控える。

支援団体が保護シェルターの代わりとして借り上げている民家で脱北者の親子を降ろすと、ぼくは別れを告げた。親子は軽く頭を下げて民家の中に入った。ぼくは親子の背中を見送りながら、これから先にある親子の厳しい現実について考えた。

中国は脱北者を難民とは認めない方針をとっており、脱北者は発見されしだい不法入国者として北朝鮮に強制送還される。そのため、脱北者は中国国内では潜伏生活を送ることになる。その人数は中国北東部だけでも30万人以上といわれている。脱北者はそのまま中国にとどまるか、韓国やベトナムなどの近隣諸国に亡命するか、自分たちで判断することになる。

脱北者の労働環境は過酷だ。摘発を逃れるために定住することができず中国人よりも低賃金で働いている。売春婦になって生活費や亡命費用を稼いでいる女性も多い。脱北者を利用して北朝鮮との密貿易で荒稼ぎしている組織もあり〝脱北ビジネス〟の闇は深い。

ぼくと脱北ブローカーは延辺市内にあるレストランで食事をしながら一息ついた。半日何も食べていなかったぼくは、何を食べてもごちそうに感じた。

レストランで脱北ブローカーと別れると、ぼくはタクシーで宿泊先のホテルまで戻ることにした。流れる車窓が心地よかった。時間が経つにつれ脱北の瞬間を撮れたという充足感に満たされていった。今夜は熱いシャワーをゆっくり浴びて早く眠ろう。長かった一日がようやく終わろうとしていた。

タクシーがホテルの正面に到着。料金を払い車外に出る。いきなり3人の男に囲まれた。

「ゴン・チョルか？」

ぼくの正面に立ちはだかった黒いジャンパー姿の男が流暢な朝鮮語で名前を確認してきた。ぼくは混乱して何も答えられない。もう一度、ジャンパーの男が名前を聞いてきた。

何者なんだ、この男たちは――。ぼくはますます動揺する。ジャンパーの男が中国語で何かを言うと、ぼくの背後にいた二人の男が動きだした。ぼくは男たちに両腕を掴まれると頭から黒い布をすっぽりとかぶせられてしまった――。

この瞬間から、地獄の10日間が始まった。

中国公安当局の関係者

ぼくを拘束した3人の男たちは、中国の公安当局の人員（日本でいう警官）だった。あとから聞いた話によれば、延辺《えんぺん》の公安当局には、場所柄、朝鮮語を話せる人員（主に朝鮮族系の中国人）が多数配置されているという。

3人の男たちに囲まれたぼくは、一瞬、正面の男を倒してこの場から逃げることも考えた。男たちは拳銃を所持している可能性が高い。仮に正面の男を倒せても背後の二人から発砲されてしまえば終わりだ。ぼくは抵抗することをあきらめて全身の力を抜いた。

両腕を掴まれて車に乗せられたことまでは感覚的にわかったが、頭からかぶせられた黒い布のせいで視界はゼロ。どんな車がどこを走っているのか見当もつかなかった。おまけに男たちが話す中国語をぼくは理解できない。これでは目と同様に耳もふさがれているようなものだった。

この時点で3人の男たちが公安当局の関係者であることは想像していた。だからといって安心はできなかった。日本や韓国と違い、ここは言葉が通じない中国。このままあらぬ嫌疑をかけられて銃殺刑にされたらどうしよう……。頭の中も視界と同じように真っ黒に染まっていった。

30分ぐらい走ったところで車が停まった。ぼくは両腕を掴まれながら車から降ろされるとそのまま階段を歩かされた。黒い布をかぶせられたままなのでまわりの景色がまったく見えない。全身の感覚から判断するとぼくは地下に向かっているようだ。階段には木材や太いロープのようなものが転がっていた。それらを踏んづけた感触が足の裏から伝わってきた。

もしかしてここは工事現場なのか——。ぼくは警察署のような施設に連行されることを想像していたので足の裏の感触に恐怖が倍増した。

階段から平らなフロアにたどり着くと近くで錆びついた鉄の扉が開いたような耳障

りな音が聞こえた。ぼくはそのまま数メートル直進すると力づくで椅子に座らされた。頭からかぶせられていた黒い布も剥ぎ取られた。

明るさに目がくらんだ。思わず両手で目を覆うような仕草をした。だんだんと明るさに慣れてくると自分が連れてこられた場所の様子が見えてきた。そこは広い会議室のような部屋だった。窓が一切ない。やはり地下にある施設のようだ。

ぼくの目の前には使い古された事務机。机の上には1台の古いワープロ。正面にはホテルの前でぼくに声をかけてきた朝鮮語を話す男が座っており、その男の両サイドには二人の若い男が立っていた。おそらく、この若い男たちがぼくの背後にいた二人なのだろう。ぼくは絶望的な状況に呼吸が浅くなっていた。

朝鮮語を話す男ととなりの若い男たちは上司と部下の関係に見えた。中国語の会話は意味がわからないが、ときどき「ぶーちょう」という言葉が聞き取れた。それが日本語と同じように肩書きの「部長」（役職名）として使われているのか。それとも名前の一部などがそう聞こえてしまっただけなのか。ぼくには確認をすることができないが、それ以降、朝鮮語を話す男のことを部長と呼ぶようにしていた。部長も拒否はしなかった。

朝鮮語を話せる部長は、ぼくにとって唯一の生命線だ。部長に生殺与奪の権を握られているぼくはおとなしくしているしかない。部長たちの会話は30分近くも続いた。

突然、部長が机の抽き出しからA4サイズの白紙10枚ぐらいとボールペン1本を取り出すと、ぼくのほうへ投げて寄越した。部長はその紙に名前と生年月日、住所、延辺に来た理由などを全部書けと言い残すと部下を連れて部屋から出て行ってしまった。

3日間の拷問

2時間ぐらいかけて朝鮮語で書き上げた上申書は5枚分。書き終わってしまうと他にやることがなかった。ぼくは固い椅子に座りながら部長たちが戻って来るのをひたすら待った。暖房はほとんど意味をなしてない。底冷えする室内でぼくは背中を丸めて寒さに耐えていた。ホテルの前で拘束されてから約3時間が経過。時刻は24時を過ぎようとしていた。

それから約1時間――限界だった。寒さと緊張でもうこれ以上はトイレを我慢することができない――。ぼくの様子を監視するために、ときどき見回りにくる部下たちに声かけた。

「逃げないから、トイレに行かせてください」

朝鮮語では通じないと思い、必死になって身振り手振りで説明したが、部下たちは完全無視。拝むように懇願したが、首を横に振るばかり。ぼくはもうこれまでと観念するとその場で漏らした。股間に生暖かい液体が染み渡り不快だったが、そんなことは気にしていられない。ぼくは海兵隊時代の苦しい訓練を思い出し、自分を鼓舞した。

必ず生きてここを出るんだ――。

さらに数時間後、部長が戻ってきた。部長はぼくの正面に座るなり質《ただ》してきた。

「あの親子とおまえの関係は？　あの親子と日本の関係は？」

部長はぼくが依頼した脱北ブローカーの名前やぼくが延辺に来た日程などすべてを把握していた。脱北ブローカーの周辺から事前に密告があってぼくのことをずっと監視・尾行していたのだろう。スパイ容疑がかけられていたぼくは、自分で書いた上申書の内容を読み上げた。

「脱北者のことは脱北ブローカーから聞いて撮影をしていました。ぼくは脱北者の手引きもしていなければ、革命家でもありません。日本で活動しているただのフリーカメラマンです。延辺にはスクープ写真を撮りにきただけです」

部長はぼくが書いた上申書には一瞥もくれずに同じことを聞いてきた。

「あの親子とおまえの関係は？　あの親子と日本の関係は？」

ぼくは先ほどと同じように答える。そうすると、部長がまた同じことを聞く。押し問答のようなやりとりが１時間ぐらい続いた。さすがに疲れたのか部長が席を離れた。

ぼくはまた取り残されてしまった。

それから3日間——。ぼくは固い椅子に座らされたままの状態で監禁された。食事は朝夕の2回。毎回同じメニュー。味のうすい中華スープと肉まんの皮だけのような白いまんじゅうが1個だけ。空腹と疲労で眠くなりいつの間にかうとうとしていると頭から水をかけられた。両肩を激しく揺すられることもあった。横になるどころか、椅子に座ったまま眠ることすら許されなかった。

この部屋から出られたのは一度だけ。監視役の部下がトイレに行かせてくれたがそのときも個室の扉は開けたままにされていた。それ以外についてはすべて漏らした。数時間おきに部長は顔を出したが、眠気と疲労で意識が朦朧としているぼくはまともな会話はできなかった。2日目の夜、「ぼくはカメラマンで脱北者のスクープ写真を撮りに来たということ以外は説明のしようがない。部長は嘘をつけと言うんですか！」と噛みついたが相手にされなかった。

罰金の〝真意〟

4日目の朝。部長がこれまでとは違う、あらたまった口調で話しかけてきた。

「あなたは大きな組織の後ろ盾がある活動家だという通報があった。それで我々はずっと監視しており、脱北者を実際に確認してからあなたを逮捕した。あなたが撮影した脱北者の親子がどこにいるのかもすべて把握している。これで最後にするからすべてを正直に話しなさい」

丸三日も眠ることを許されなかったぼくは意識が途切れ途切れになっていたが、最後という言葉を聞いて残る気力を振り絞った。

「ぼくがスパイかどうかは、ぼくが撮った写真や映像を見ればわかるはずです……。ぼくは脱北の瞬間を撮りたかっただけです……」

実際にこの4日間で部長たちはぼくが撮影した写真や映像を隈無くチェックしていたようだ。どういうルートで確認をしたのかは不明だが、ぼくの生まれ故郷や日本での活動歴なども調べ上げていた。当然のことだが、ぼくにはスパイ容疑をかけられるような不審な点がみつからなかったはずだが、部長は事務的にこう告げた。

「これくらいの罪ならあなたは短くて半年、長くても1年半ぐらいの懲役だろう。脱北者の親子は強制送還となる。脱北ブローカーはたいした罪にはならない」

懲役――ぼくは愕然とした。ショックで卒倒しそうになった。せめてあの親子だけでも何とかすることはできないだろうか。ぼくは部長に縋るように懇願した。

「あの親子だけは見逃してください！　ぼくが取材をしたせいであの親子が強制送還されてしまっては申し開きが立たない。ぼくにはあの親子を守る責任があります。あの親子を強制送還するなら延辺《えんぺん》にいる数十万人の脱北者も全員帰さなければおかしいはずです……」

中国政府は脱北者を難民とは認定せず不法入国者として扱う。そのため、脱北者は発見されしだい強制送還される。北朝鮮では強制送還された脱北者は死刑を含む厳しい処罰を課せられるといわれている。ぼくはあの親子を見殺しにすることはできない。自分の身も守らなければならない。ぼくは解決策を提案した。

「ぼくは刑務所に行く気はありません。罪は罪として認めますので、罰金で済ませてもらえませんか。ある程度の金額であればすぐに払います……」

この言葉の裏には、「あなたたちにも金を払うので親子とぼくを見逃してくれ」という意味を込めていた。部長にぼくの〝真意〟が伝わったかどうかはわからなかった。ぼくはその場に崩れるようにして倒れた――。もはや限界の限界だった。

気がついたときは拘置所のような部屋へ移されていた。その部屋には鉄格子の扉があり、奥には便器と布団があった。ぼくはその部屋で2日間、泥のように眠り続けた。

200万円の支払いに応じる

6日目の朝。部長から「罰金は日本円にして200万円近くになる」と通告された。ぼくにすれば大金だが刑務所に入るよりはましだ。ぼくは罰金の支払いを承諾すると、部長にあらためてお願いをした。

「あの親子には絶対に手を出さないでください。それから、命をかけて撮影した写真と映像を返してください。あの映像をテレビ局に売った金で罰金を払います」

後半はぼくなりの口実だった。実際には映像を売ってもそんな大金をつくることはできないが映像が返却されなければ今回の苦労がすべて水泡に帰す。それだけは回避したかった。部長はイエスともノーとも言わず「罰金の手続きには３日かかるから、最初の施設に移動して待つように」とだけ答えて立ち去った。

また黒い布を頭からかぶせられて移動。部長には「最初の施設」と言われたが、ぼくにはそこが同じ場所だとは思えなかった。少なくとも部屋は違った。初日は地下の部屋で窓が一切なかったが、今回の部屋には窓があった。窓には鉄格子がはまっておらず、その部屋は休憩所や宿直室のような雰囲気だった。

ぼくは窓に駆け寄った。残念ながら開閉することはできなかったが、６日ぶりに外の景色を見ることができた。窓からは真っ白な雪山しか見えなかった。

食事は朝夕の２回、冷めた弁当が支給されるようになった。味はまずかったが出るだけましと考えて残さず毎回食べた。この部屋には３日間いたが、まわりに人の気配がせず、車が道路を走るような物音はほとんど聞こえてこなかった。ぼくが収容されている施設は山奥にでもあるのだろうか――。

9日目の朝。また拘置所のような施設に戻された。部屋は3日前と同じだった。

その日の夜、何もやることがなくぼうっとしているぼくのところへ、部長が中国語で書かれた文書を持参してきた。赤い印鑑が押され、誰かの署名がある行政文書のようだがはっきりとは見せてくれない。部長が文書を読んで内容を説明してくれたがぼくにはよく意味がわからなかった。たぶん、ぼくのスパイ容疑について何かが書かれていたのだろう。

部長によれば、ぼくは明日の朝9時に出所できるが、その前にこの文書をぼくの目の前で燃やすという。

なんで燃やす必要があるのか疑問に思ったが、このときは風呂なし、着替えなし、歯磨きなしの生活から抜け出せる喜びのせいでどうでもよくなっていた。

翌10日目の朝。午前7時前に起きたぼくが朝食を食べ終えると部長がやってきた。ぼくの目の前で本当に文書を燃やしはじめた。炎はあっという間に文書を灰に変えた。部長は火が消えたことを確認すると燃えかすをごみ箱へ捨て、何事もなかったかのように部屋を出ていった。ぼくは狐につままれたような気になりながら、ここ数日のことを思い出した——。

おそらく、ぼくは途中から正規の逮捕手続きからは外されていたように思う。ホテルの前で拘束されてからの3日間は一切眠らせないという拷問を受けたが、4日目からはぼくへの対応が明らかに緩くなった。部長からの尋問はあったが内容はほとんど雑談で煙草を吸わせてくれた。部長以外のメンバーは次々と代わり、最後のほうは階級章を胸にたくさんつけた制服を着ている高官らしき男もやってきたが、それがどこの誰だかはもちろんわからない。

いま思えば、ぼくの「罰金で済ませてもらえませんか。ある程度の金額であればすぐに払います……」という含みを持たせた言い方が、良くも悪くも功を奏したのかもしれない。くり返しになるが、この言葉の裏には、「あなたたちにも金を払うので親子とぼくを見逃してくれ」という意味を込めていた。部長はぼくの〝真意〟を汲み取ってくれたのだろう。

それが端的に現れていたのが罰金の納付先。部長が指定したのは韓国にある韓国人名義の個人口座だった。たしか7日目か8日目のことだった。ぼくは部長の指示に「これは明らかにおかしい」と思った。中国の公的機関であるはずの公安当局が韓国人の個人口座を使っているわけがない。しかし、ぼくには質問することができない。もし支払い拒否ととられて刑務所送りになってしまえば元も子もないからだ。不自然な取引きであることを承知した上で支払いに応じた。

10日ぶりに解放

　ぼくは部長に刑務所の面会室のような場所に連れてこられると、そこから韓国にいる妹へ電話をした。

「緊急事態だ。何も聞かずにいまから言う口座に約200万円を振り込んでくれ」

　突然のことで妹はびっくりしていたが、ぼくが脱北者の取材で中国へ行くことを事前に伝えていたのですぐにぴんときてくれた。両親には余計な心配をかけたくなかったので妹には黙っているように伝えた。妹はその日のうちに部長が指定した口座に入金した。

　この一連の動きから推測できる。逮捕後の最初の3日間でぼくのスパイ容疑は晴れて無罪放免となるはずだったが、部長たちが小遣い稼ぎモードに走った可能性があることを。実際には罰金なんか不要だったのか、あるいは正規の罰金額とぼくが支払った額には開きがあり、差額分を部長たちが搾取したのかもしれない。そのことは、部長が証拠となる行政文書を燃やした行為からも想像できる。ぼくは拘束された状況から脱出するために部長たちに賄賂を渡したようなものだった。

　当時は脱北者を支援しているNGO団体や牧師などの宗教関係者、ジャーナリストたちが同じようなことで公安当局に金を巻き上げられていた。ぼくもその一人だったのかもしれない。

10日目の午前9時。ぼくは部長に正面入口まで案内された。目の前には横幅が4メートル以上ある大きな鉄の壁。凍りついた錠前を門番がライフルのストック（銃床）でがんがん叩いて氷を砕いている音が大きく響いていた。やがて、鉄の壁が徐々に開き出した。ぼくは10日ぶりに外の空気をおもいっきり吸った——。

解放されてから3日後、延辺から韓国へ飛ぶ便の手配がついた。ぼくは延辺空港まで部長に送ってもらうとそこでようやくリュックサックとパスポートを返してもらえた。部長たちがぼくの滞在していたホテルから荷物を引き上げていたようだ。リュックサックの中には着替えや非常食の他に3本のフィルムと1本の60分テープが入っていた。部長たちはぼくが苦労して撮影した脱北者の写真と映像を返してくれたのだ。ただし、ぼくが持参した撮影機材（フィルムカメラ2台、ビデオカメラ2台）はすべて没収されてしまったが……。

延辺から韓国経由で日本に戻ったぼくは取材成果を持って各メディアを回った。その結果、韓国を代表する新聞『中央日報』が1面トップでぼくの写真を取り上げてくれ、日本テレビの『バンキシャ』などがぼくの映像を放送してくれた。

なお、ぼくの取材に協力してくれた脱北ブローカーとはその後もしばらく連絡を取り合っていたのであの親子が無事でいることは確認できていたが、ある日を境にして音信不通になってしまった。心配になったぼくはもう一度延辺を訪問しようと思ったが、入国できない可能性があるし、ぼくは二度と延辺には行かないという約束を部長としていた。部長がぼくとの約束を守ってあの親子を見逃しているのに、ぼくが約束を破って延辺に行くと今度こそあの親子に危害が及ぶかもしれない——と考えて渡航を断念した。

それ以来、ぼくは延辺に一度も行ってはいない。

たぶん、あの親子は、いまでも延辺のどこかでひっそりと暮らしているのだろう。

四川大地震

街が消えた——忘れもしない2008年5月12日。テレビ画面には瓦礫の山が写し出されていた。衝撃的な光景からぼくは目が離せなかった。しばらくすると現場の映像から発せられる磁力のようなものを感じた。ぼくはまるで吸い寄せられるように翌日から現地取材の算段をはじめた。

目的地は大地震の被災地——中国の中西部にある四川《しせん》省。報道などによれば、発生は同日14時28分(日本時間・同日15時28分)。地震の規模はマグニチュード7・9~8・0。死傷者数は40万人以上。未曾有の大規模災害だった。

焦って準備をしたせいか書類上に不備があり中国大使館にはビザ申請を一度却下されてしまったが、再申請して同15日に取得。翌16日にぼくは四川省の省都・成都《せいと》に飛んだ。

ぼくは先乗りしていた先輩ジャーナリストらと合流すると、タクシーをシェアして震源地とされる四川省の西北部にある「アバ・チベット族チャン族自治州汶川県《ぶんせん》」（以下、汶川）の東側に隣接する、甚大な被害を受けた「北川《ほくせん》チャン族自治県」（以下、北川）に向かった。

成都から北川までの距離は約80キロ。震災直後の通行止めが解除された高速道路を飛ばしていけば2時間もかからないが、北川からおよそ2キロ手前で中国軍による厳重警戒の検問所があり、それ以上は進むことができなかった。ぼくらのタクシーは引き返すことを余儀なくされた。

成都に到着したぼくらは今後について協議をした結果、個別行動をとることになった。先輩ジャーナリストは反対側の都市まで飛んでそこから北川入りをアタックするようだったが、ぼくはその取材プランに同行できるほど取材費を持ち合わせてなかったので諦めた。とりあえず、北川の2キロ手前にある検問所まで一人で戻ることにした。

当時、ぼくが知る限り、日本では汶川に関する報道のほうが多かった。道路が寸断していた北川は報道陣が近づくことすらできない。発生から4日目に現地入りしたぼくは他のカメラマンよりもだいぶ出遅れている。選択の余地はなかった。ぼくは危険を承知で北川に入るしかないと考えた。

行けるところまで行ってみよう——ぼくにとって人生初の災害取材は歌舞伎町取材と同じように、あてなし、コネなし、段取りなしの出たとこ勝負で臨むことになった。

死体に群がるハイエナ

検問所を再訪したぼくは周辺を歩いてみた。すぐに臨時で設置されている赤十字センターやプレスセンターなどを発見した。ぼくはプレスセンターのテント内を覗いてみた。

世界中から集まった数十人のカメラマンたちが、ノートパソコンを使って写真の補整や電送の準備などをしていた。その人数にも衝撃を受けたが、無数にあるノートパソコンのモニターに映し出されている写真を見て思わず息を呑んだ。そこには遺体の写真しかなかった——。

北川までの道中で被災地の生々しい現場写真を撮る機会はいくらでもあった。ぼくもタクシーに停まってもらい痛々しい遺体のカットを押さえたが、そこに価値を見いだせずにいた。ぼくは何のために遺体を撮っているのだろう――。路傍に転がされた無惨な遺体を見れば見るほど、ぼくの中で芽生えた小さな違和感がだんだんと大きくなっていき、テント内の光景を目にした瞬間――弾けた。

ぼくは人間の死を商売の種にしているカメラマンたちと自分が同じ行動をしていることが心底嫌になった。カメラマンたちが死体に群がるハイエナに見えた。

海兵隊時代、訓練中に死んでいった仲間を二人も看取っているので、死に対する精神的な免疫はあるはずだったが、このときは激しく動揺していた。

報道カメラマンのジレンマ――自分はカメラマンなのか、人間なのか。

ぼくはカメラマンである前に人間でありたいと思った。そんなやわなことを言うような報道カメラマンは失格だ、と同業者から後ろ指をさされても人間でいたかった。

これを機にぼくは遺体にレンズを向けることをやめた。災害の悲惨さを表現するために遺体の写真は必要ない。災害現場では再起に向けて、傷つきながらも強く、たくましく生きようとしている人々だけを撮ることを自分に誓った。

偶然の産物

ぼくはプレスセンターから離れると、検問所の規制ラインをかいくぐる方法がないかひたすら考えた。北川に滞在すること3日目。ある人物との出会いでその方法が見つかった。それは偶然の産物だった。

検問所の手前に臨時で設置されていた赤十字センターを見学しているとき、ボランティアグループのスタッフとして働いていた中国系朝鮮族のキムさん（仮名）と知り合うことができた。キムさんは中国語と朝鮮語を話せたので、ぼくは中国語でわからないことがあればキムさんに聞くようにしていた。

キムさんたちのグループは規制の内側に入って活動していた。そこに目をつけたぼくは、キムさんに現場まで一緒に連れていってくれませんかとお願いした。キムさんは嫌な顔ひとつせず承諾してくれた。

翌日、ぼくは大通りの検問所を回避して、警備体制が手薄な住民用の狭い道に設けられた検問所を通行人に紛れながら歩いて突破。そのまま約1・5キロの険しい山道を踏破して大通りの検問所を通過したキムさんたちと合流した。

キムさんたちのようなボランティアのグループは全国各地から集まっており、自家用と思われるセダンやワゴン車のボンネットなどに中国語で「ボランティア」と書かれた旗をくくりつけていた。

当時は地震発生から1週間が過ぎており被災地では腐乱臭があたりに漂っていた。スタッフはみんなマスクを二重、三重にして帽子をかぶっていたので誰が誰だかわかりにくい状況だった。ぼくは中国語がしゃべれないので会話だけはしないように注意していた。

キムさんの車列の一台に潜り込んだぼくは、カメラを仕舞い込んだリュックサックを膝の上で抱えながら目的地を目指した。

タイムリミットは40時間

被災地の村までたどり着くと、ぼくはキムさんの連絡先と今後のスケジュールを聞いた。キムさんによればあさってには成都へ帰還する予定だという。ぼくはそれまでにキムさんのもとへ戻ることを約束すると、村の周辺を単独で散策することにした。この村で取材できる時間は残り40時間弱。リミットのギリギリまで歩き回るしかない。

被災地の村にある建物はほとんどが崩壊していた。村民の大多数はすでに別の場所へ避難していたが、何組かの家族は崩壊した自宅の一部や自宅の外でテント暮らしをしていた。キムさんによれば、村民たちの避難はあくまでも任意であって強制ではないらしい。

ぼくは被災地で暮らす家族たちを撮影しながらうろうろしていた。ほとんどの人たちがレンズを向けても嫌な顔をしなかった。みんな友好的でこの惨状を世界に伝えてくれというような姿勢だった。

特におじさんたちは、ぼくの存在に気がつくと自分の煙草ケースから1本差し出してくれた。これは中国式のあいさつみたいなもので、ぼくは遠慮なく受け取りおじさんたちと一緒に煙草を吸った。言葉が通じないのでおじさんたちとは身振り手振りのコミュニケーションしかできなかったが、同じ煙草を吸った仲としてそれなりに意思の疎通はできたと思う。たまに、警察や軍人が見回りに来るので、そのときはカメラをリュックサックに隠してやり過ごした。

被災地の村で過ごした2日間で一番苦労したのは寝る場所がないことだ。結局、2日間とも野宿した。村の広場には軍関係者やボランティアスタッフの滞在先となるテントが張ってあったが下手に覗いて捕まるとめんどうなので近づかないようにしていた。

家を無くした人たちが川縁《かわべり》を寝床にしていたので、ぼくも空いてるスペースを見つけて横になった。地面に背中が接すると余震に対してより敏感になる。大きい余震で震度4レベル、小さいものまで含めれば回数は膨大になるだろう。ぼくは、藁《わら》のような雑草を引っこ抜いてそれをクッション代わりにすると、その上に寝袋を敷いて眠った。

被災地の村で2日目を迎えた午後。ぼくは、キムさんがいる場所へ行ってみた。そこには赤十字の大きなテントが設営されていた。ぼくはキムさんを見つけると「明日、もし時間があるなら通訳をしてくれませんか」と声をかけた。キムさんは「少しの間なら大丈夫ですよ」と快諾してくれて、翌日、村に残っている家族に名前や年齢を聞いて当時の状況なども取材した。

その中でチョンニ（当時5歳）というピンクの洋服を着た可愛らしい女の子と仲良くなった。瓦礫の山を元気一杯に走り回っている彼女の姿は逞しい存在に見えた。無邪気に遊んでいるチョンニを見ている家族の笑顔が、震災の悲惨さを忘れているように感じられた。

子供たちは明日への希望なんだ――。

ぼくは今回の取材では子供をテーマに撮ろうと思った。ぼくは「また会いに来ますよ」というメッセージを残して、キムさんたちと一緒に成都へ戻った。

取材拒否

赤十字のボランティアスタッフだったキムさんに紹介してもらった通訳バイトの女子大生・リンさん（仮名）と一緒に、ぼくは成都にある大きな児童病院に向かっていた。

北川《ほくせん》で今回の取材テーマを子供に決めたぼくは、キムさんから児童病院の話を聞いたときから最後に取材する場所として決めていた。

午前10時ごろ、ぼくとリンさんは病院の正面入口で交渉したが「取材は一切お断り」と取りつく島が無かった。よく考えれば取材拒否は当然だった。被災地は発生直後のどさくさに紛れて勝手に取材することはできるが、そこが病院となると勝手が違う。徹底的に管理された施設だけにぼくのような外国人が自由に出入りできるわけがない。

ぼくは自分の考えが甘かったことを思い知らされた。ぼくとリンさんは病院の駐車場で途方に暮れていた。このまま成都に残るべきか。思いきって汶川《ぶんせん》まで足を伸ばすか。それとも日本に帰るべきか――。滞在期間が1週間目となり肉体的な疲労がピークに達していたぼくは判断に迷っていた。

そのとき、病院の周辺がだんだんと騒がしくなってきていることに気づいたリンさんが、病院関係者から重要な情報を聞き出してくれた。

午前11時に温家宝《おんかほう》首相（当時）がこの病院に視察にくる――。

確かに正面入口の警備が時間を追うごとに厳重になっている。政府に招聘《しょうへい》されたのだろうか。病院に続く通りの沿道には小さな国旗を持った住民たちが集まりだしていた。

ぼくは温首相と子供たちが触れ合うシーンを撮りたいと思った。再度、病院側に取材申請をしてみたがやはり拒否された。中国政府発行のプレスIDを持っていないと相手にはしてくれないようだ。

再びぼくはどうしたものかと病院の周辺をさまよっていた。正面入口では厳重な警備体制が敷かれるとともに歓迎ムードが高まってきている。ぼくは正面に近づくことすらできなかった。仕方がないので正面を避けて病院の裏側に回り込んだ。

病院の裏には救急車の搬送口があった。その一帯は、表の温首相の視察歓迎ムードとはうってかわって騒然としていた。次々に到着する救急車。救急隊員が負傷した子供を病院の搬送口に担架で運び込む。搬送口では救急医療チームの医師や看護士が待機しており、付き添いの家族らも頻繁に出入りしていた。

ぼくは病院に運び込まれてきた包帯でぐるぐる巻きにされた子供たちにレンズを向ける気にはなれなかった。目の前を何台もの担架が通り過ぎていった。

射るような視線に気がついたのはたまたまだった。何もできずにただ立ち尽くしていたぼくはその少女が担架で運ばれている様子をぼうっと見ていた。少女にかけられた布は下半身の部分がぺたんこだった。

もしかして足が――。ぼくは少女の顔に視線を向けた。顔にほとんど傷は無かった。意識はあるようで少女の目はぼくをじっと見ていた。ぼくも少女の目を見た。少女は運ばれている間、ずっとぼくの目を見つめていた。それは搬送口に入るまでの数秒のできごとだったがぼくは強烈な印象を受けた。彼女を取材したい――取材しなければならない。

その思いは通訳のリンさんにも通じた。正門前では全面封鎖された道路に温首相の視察チームを乗せた4機のヘリコプターが降下してきた。ローターの爆音があたりを包む。万歳三唱をしている沿道の住民たち。ぼくはリンさんと頷き合うと、喧噪に紛れて搬送口から病院内に潜入した。

両足切断の少女

病院内の廊下を早足で進んだ。ナースステーションを見つけるとリンさんが先ほど担ぎ込まれた両足のない少女の病室を聞いた。ぼくとリンさんは5階にある少女の病室に急いで向かった。

病室では少女と少女の母親が手を握り合いながら何かを話していた。ぼくはすぐに自分の立場を明かし、取材したいことを伝えた。

外国メディアからのいきなりの取材申請に母親は戸惑っていたが、リンさんが丁寧に説明をしてくれたおかげで母親はぼくの取材を了承してくれた。母親は誰かに話を聞いてほしかったようで、娘の窮状について堰を切ったように語り出した。

少女の名はリュウセイ――日本でいえば中学1年生に該当する13歳（当時）。震源地の汶川にある学校で被災した。のちに手抜き工事の問題も発覚した校舎は地震直後に崩壊。子供たちに襲いかかった。崩れた校舎の下敷きになってしまったリュウセイはすぐに気絶してしまい脱出することができなかったという。コンクリートに両足を挟まれたまま十数時間。リュウセイは気絶から目を覚ましてもすぐに激痛に襲われてまた気絶するという状態をくり返していた。

2日後、リュウセイは奇跡的に発見された。コンクリートに両足を挟まれながらも生き延びていたのだ。ところが、それはさらなる悲劇の始まりだった。被災地ではリュウセイのような重傷患者が続発しており、すぐにまともな医療行為を受けることができなかった。成都にある児童病院に搬送されるまでに1週間も時間がかかってしまった。

リュウセイの両足はコンクリートの下敷きになってぐちゃぐちゃにつぶれていた。そのため、発見現場の近くで放置されたリュウセイの両足はどんどん壊死《えし》していった。これ以上、壊死が進行すると死んでしまう――。現場に決断が迫られた。リュウセイの両足を切断するしかない。

被災地に医療器具はほとんどなかった。手術用のメスどころか麻酔もなかった。想像を絶する非常手段――麻酔の代わりにリュウセイを気絶させて手術を強行。多少の医学知識がある軍の救護班がそう決断すると、リュウセイの父親が立ち会いのもと骨盤のすぐ下、足の根元からリュウセイの両足は切断された――。

通訳のリンさんはぼろぼろ泣きながら、リュウセイの母親の話を通訳してくれた。ぼくも目を真っ赤にはらしながら聞いていた。

母親がリュウセイの布団をめくった。薬の影響でぼうっとしているリュウセイの下半身は裸だった。母親からは写真を撮りなさいと言ってもらえたが、ぼくは自分のハンカチで彼女の局部を覆うようしてから何枚か撮った。シャッターボタンを押すたびに涙があふれてきた。こんな経験をしたのは初めてだった。

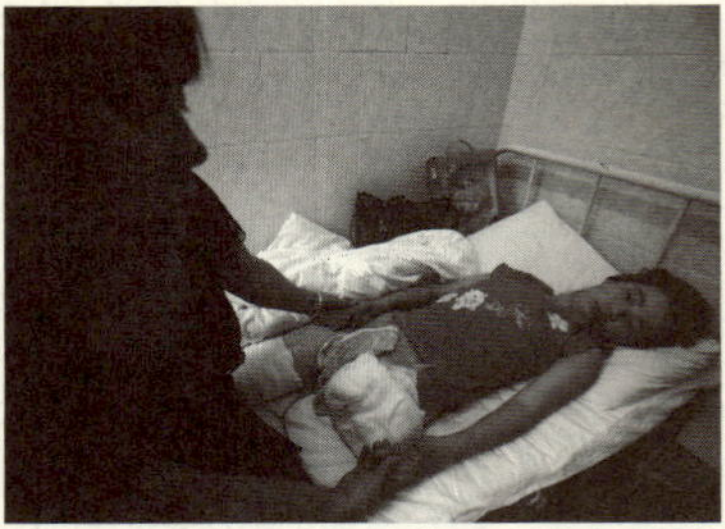
リュウセイ一家との交流はいまも続いている

ぼくは母親に残酷な質問をした。質問せざるを得なかった。

「このあと、リュウセイはどういう治療をするんですか？」

「医者にはいろいろと聞いてみましたが、いまの状況では命があるだけでも幸せなんだそうです。わたしたちはこれ以上望むことは何もありません」

母親によれば、震災による負傷者が多いのでリュウセイ用の義足はすぐに手配されないという。ぼくはその状況を聞いて取材者としての一線を超えた。偶然の出会いとはいえ、取材で知り合ったリュウセイ親子の窮状を知らんぷりすることはできなかった。

「それならば、ぼくがリュウセイに義足をつけてあげます」

その場の勢いも手伝ってぼくは母親と再訪の約束をしてしまった――。

数日後、日本に戻っていたぼくは四川で撮った写真を出版社に持ち込んでいた。リュウセイの義足を作るのに日本円で20万円程度が必要だった。ぼくは原稿料の一部や仲間内で募金活動をして義足代を捻出した。

義足代をリュウセイにどうやって渡せばいいのかわからなかったので通訳のリンさん経由で連絡。前回の取材から約半年後にぼくはリュウセイに直接手渡した。その1年後にも汶川まで会いに行った。そのときにようやくリュウセイの笑顔が見られたのでぼくは肩の荷が少しだけ下りたような気がした。

リュウセイ家族との交流はいまも続いている。

第6章　さらば、歌舞伎町

パパラッチデビュー

歌舞伎町の魅力は「密度」にある。

この街に通い出して2、3年が経ったころ〝浮気〟をしたことがあった。当時は週に1、2回のペースで外国人が多い六本木や麻布を中心に渋谷、池袋といった都内有数の歓楽街を巡回するようにしていた。

六本木の路地裏で不良外国人にナイフで脅される（第4章）など、それなりにスリリングな体験もできたが、肝心の写真がほとんど撮れなかった。歌舞伎町に比べて撮影対象になるようなトラブルやハプニングに遭遇できる機会が圧倒的に少なかったからだ。

何度も這いずり回り、足をさんざん棒にしてようやく気がついた。歌舞伎町とその他の歓楽街との違いは「密度」にあることを。歌舞伎町は歓楽街としてのエリアが狭い。端から端まで歩いても10分程度。四方を通りや線路に囲まれたこの街にはあらゆるものが凝縮されていた。

そんな街だからこそ、偶然の発見を求めて歩き回るというぼくの取材スタイルと相性が良かったのだろう。そのことを実感するようになってからは歌舞伎町に専念するようになったが、例外的に〝浮気〟をすることがあった。それはある歌姫との出会いがきっかけだった——。

　ようやく歌舞伎町の写真だけで食べていけるようになってきた２００４年の秋。ぼくの携帯電話に写真週刊誌から出動要請の連絡がきた。

「いま、浜崎あゆみが新宿2丁目にいます！　すぐに来てもらえませんか！」

　張り込み取材のオファーだった。昼夜逆転で生活をしているためテレビを観る機会がほとんどない、芸能人に疎いぼくでも彼女のことはさすがに知っていた。当時の彼女は、史上初の3年連続レコード大賞を受賞したあとの絶頂期。その名は韓国でもとどろいていた。

「急いで向かいます！」

　あのカリスマ歌姫・浜崎あゆみをこの目で見てみたい——。興味に負けたぼくは二つ返事で引き受けた。ターゲットが彼女でなければ依頼を断っていたと思う。せっかちな性分のぼくはとにかく待つのが嫌いで、張り込み取材の経験はゼロだったからだ。

　歌舞伎町から新宿2丁目の張り込み現場までは歩いて20分程度の距離だったが、このときは1分1秒が惜しかった。ぼくはタクシーに飛び乗った。

　張り込み現場で写真週刊誌の記者三人とカメラマン二人と合流。ぼくも取材チームのカメラマンとして急遽参加することになった。

　記者によれば、浜崎あゆみのグループは午後10時ごろから同じ2丁目内にあるホルモン焼き屋で飲み会をスタート。かなりのハイペースでチューハイを飲んでいた彼女はすでにできあがっており、午前0時すぎに2軒目のゲイバーに移動。そこでも大盛況だった様子で現在は3軒目のゲイバー内にいるという。

一通りの説明を受けたぼくは判断に迷った。浜崎あゆみたちがいるゲイバーに潜入して店内で隠し撮りを狙うべきか、彼女たちがゲイバーから出てくるまで路上のどこかで待つべきか――。

店内に潜入すると正体がバレる可能性があるし、そもそも撮影できる状況をつくれるかどうかもわからない。店内の照明が暗かったり、彼女のグループが個室にいれば撮影は不可能だ。それに比べて、店外で出待ちをしていれば本人を撮れる可能性は高い。

ぼく一人であればより確実な後者の出待ちパターンを選択するが、現場にはカメラマンが二人いた。しかも、カメラマンたちに聞くと、すでに1軒目の店内で飲んでいるところや2軒目、3軒目に移動するときにサングラス姿で歩く彼女の撮影には成功しているという。

ここでまた外を歩いている彼女を撮っても価値は低いはず。どうせならゲイバーで飲んでいる彼女の撮影に挑戦してみよう――。一発勝負でホームランを狙うハイリスク、ハイリターンの作戦。ぼくは店内潜入を志願。彼女たちがいるゲイバーのある雑居ビルの2階に一人で向かった。

ゲイバーではしゃぐ「歌姫」

雑居ビルの階段を昇ると数軒のスナックやゲイバーの扉が見えた。ぼくは扉に耳を当てて中の様子を一軒ずつ確認していった。自信は無かったが一番賑やかなゲイバーの扉を開けてみた。当たりだった。店の奥にあるソファ席で浜崎あゆみの姿を確認した。

あとから聞いた話によれば、2軒目のゲイバーは貸し切り状態だったらしく取材チームが潜入することはできなかった。3軒目のゲイバーも同じように貸し切り状態にしていると思いきやぼくはあっさりと潜入することができた。もしかしたら彼女たちのグループは通常営業している店へ押しかけていたのかもしれない。店内にはぼく以外にも白人のグループなど2、3組の先客がいた。

ぼくは客のふりをして空いていたカウンターの椅子に腰を降ろした。カウンターの他にテーブルが3セット。20人も入れない小さな店。すぐにゲイの店員が注文を聞きにきたので飲む気は無かったがグラスビールを頼んでおいた。

おしぼりで顔をふきながらさりげなく右の肩越しに見える彼女の位置と距離を確認

した。店の隅やテーブルの脇に立っている黒いTシャツを着た二人の男は彼女のボディーガードなのだろう。ぼくはウエストポーチを細工して取りつけた隠し撮り用のカメラに意識がいかないように注意しながら、彼女たちの様子をしばらく観察した。

浜崎あゆみは泥酔状態だった。ワイングラスでワインやシャンパンなどをがぶ飲みしながら「乾杯するぞ!」「おい、一気だよ、一気!」などと奇声をあげていた。くわえた煙草に火もつけていた。アルコールやニコチンは歌手の命である喉に少なからずダメージを与えるはずだが、彼女はそんなことはまるで気にせず豪快に飲んで、吸ってをくり返していた。興が乗ったのか、スタッフらしき女性と自分の持ち歌をカラオケで熱唱する場面もあった。彼女たちのテーブルは異様に盛り上がっていた。

撮るならいまだ——。作戦決行のときがやってきた。

ぼくはカウンターの椅子を右側に45度動かすと、ウエストバッグに右手を入れてノーファインダーで10カットぐらい撮影した。なるべくなら動きがあるときを撮ったほうが面白い写真になるので、ぼくは視界の隅で彼女を捕らえつつ、彼女が煙草を吸っているときやマイクを持って歌っているときを狙った。シャッターの音は店内の喧噪がかき消してくれた。

ぼくはゲイバーではしゃぎまくる浜崎あゆみの撮影に成功した。おまけに一足早く店の外に出ていたので肩を大胆に露出したセクシーなワンピース姿の彼女が、ボディーガード役の男性に両脇を抱えられながら千鳥足で帰るところも撮れた。

このときの写真には彼女の右の肩甲骨付近にある半分のハートと片翼がデザインされたタトゥーが写っていた。のちに、このタトゥーは当時交際していた男性タレントとペアで彫られたものであることが発覚して騒動になったが、最初に撮影したカメラマンはぼくだったのかもしれない。

ぼくのパパラッチデビュー作「浜崎あゆみの泥酔シーン」は写真週刊誌で取り上げられて大きな話題となり、破格のギャラを手にすることができた。詳しい金額は秘密だが歌舞伎町の写真の倍以上になった。当時の彼女はそれだけ注目を集めていたということだろう。

こうして、ぼくは有名人を見つけるとパパラッチに変身するようになり、要請があれば六本木や恵比寿などに出動することもあった。

今年（2014年）4月、来日20年の節目にぼくは活動拠点を韓国に移すことになり、これを機にすべての写真を整理してみたところ、張り込み取材で撮影した有名人はお笑い界の大御所ビック3（ビートたけし、タモリ、明石家さんま）から元横綱の朝青龍、韓流スターのチャン・グンソクまで実に70人以上もいた。

韓流ブームとコリアタウン

その日は、真っ赤な服を着た韓国チームのサポーターたちで職安通りが埋め尽くされていた。通りを一望できるビルの屋上から赤い川の流れを撮っていたぼくは、「日本に韓国人ってこんなにいるんだ！」と思わず叫んでいた。

２００２年６月の日韓共催Ｗ杯。決勝トーナメントに駒を進めた韓国代表チームは、強豪イタリア、スペインに競り勝ち、アジア国で初となるベスト４に輝いた。

韓国チームが起こす奇跡の連続に韓国人は歓喜した。韓国本土でのお祭り騒ぎはもちろん日本の元祖コリアタウンである大久保界隈にも在日韓国人たちが続々と集結。スペイン戦に勝利したあとはその盛り上がりがピークに達し、サポーターたちが職安通りを占拠して喜びをわかち合っていた。一部のサポーターはそのままの勢いで歌舞伎町に流れていき、コマ劇前の広場などで朝まで大騒ぎをしていた。

その熱狂ぶりは、当時、歌舞伎町内にたくさんあった韓国クラブや韓国食堂も巻き込んだ。韓国チームの試合があるときは臨時休業になる店が続発し、クラブのホステスたちがパブリックビューイング会場などに駆けつけて応援に花を添えた。

現在は大久保通り界隈にその座を明け渡してしまったが、ぼくが歌舞伎町に通い出した１９９０年代後半は職安通り界隈こそが「コリアタウン」だった。

職安通りは歌舞伎町エリアと大久保エリアの境界線。前述したとおり当時の歌舞伎町内には韓国クラブや韓国食堂が無数にあった。そして、韓国クラブのホステスやお客さんを目当てにした露天商や屋台もよく出没していた。

いまとなっては信じられないかもしれないが、当時の歌舞伎町ではビルのエントランスや路上でハイヒールやドレス、青果、生け花などを売る露天商がおおっぴらに商売をしていた。職安通りに近い歌舞伎町2丁目の路上では一杯飲み屋やチヂミ、ホットクなどの韓国料理を気軽に食べられる屋台が10軒以上もあった。

2000年代の初頭まで隆盛を極めていた歌舞伎町内のコリアン・コミュニティーは、03年から本格的に始まりつつあった「歌舞伎町浄化作戦」の余波を受けて大部分が崩壊。一部の在日は新天地を求めて職安通りを超えて大久保エリアへと移動した。この動きが職安通り沿いを中心とした小さなコリアタウンにすぎなかった大久保をのちに肥大化させる下地になったとぼくは考えている。

汚くて、薄暗い街――。ネオン煌《きら》めく華やかな歌舞伎町に対して隣接する大久保はそんなイメージを持たれていた。まるで光と影のような存在。駅裏のラブホテル街には外国人のたちんぼ（売春婦）が等距離で立っており、麻薬の密売人や地回りのやくざもよく見かけた。ぼくでも路地の一人歩きは怖かった。

そんな大久保を一変させたのが、韓国ドラマ『冬のソナタ』の大ヒットによる韓流ブームの到来だった。04、05年をピークにブームは陰りをみせたが、韓国の若手俳優やミュージシャン（K-POPスター）の登場で人気が再燃。ブームは10、11年に最盛期を迎え大久保は日本人の〝観光客〟で溢れかえった。

韓流ブームの猛威は莫大な利益を大久保にもたらした。ピーク時は1個あたり数十円で仕入れた韓流スターのグッズ（バッヂやキーホルダーなど）が10倍、20倍の値段で飛ぶように売れていたという。グッズで使用されている韓流スターの写真はほとんどが違法コピーされたものだが、日本人のおばさんやギャルたちに気にしている様子はなかった。

有名ブランドの違法コピー商品や中国でドラえもんやガンダムにそっくりなパクリ・キャラクター（？）が登場すると日本のメディアはいつも大騒ぎするが、こと韓流スターのグッズについてはほとんどのメディアが黙殺していた。その点については韓国のメディアにも同じことが言えると思う。著作権やスターの肖像権などについては、日本も韓国もまだまだ認識が低いということだろうか。

コリアタウンのメインストリートである大久保通り沿いのビルはどんどん立て替えられていった。この時期に大久保界隈の地代や家賃は2倍、3倍に跳ね上がったとも聞く。まさに韓流バブルの時代だった。

ぼくもこのころになると日本の社会現象を記録するために週1回ぐらいだった大久

保パトロールがほぼ連日となっていた。大久保初の韓流アイドルとして明日のデビューを夢見るK-POPスターの卵たちに密着取材したり、「韓流10年」と題する大久保の移ろいをテーマにした写真展を開催することもできた。ぼくも韓流ブームの恩恵を受けた一人だった。

ヘイトスピーチデモ

凄まじい勢いで膨張を続ける韓流ブームに水をさしたのは、他ならぬ韓国人の最高権力者だった。

2012年8月の李明博《いみょんばく》大統領（当時）による竹島（韓国名：独島《とくど》）上陸騒動――。政治家ではないただのカメラマンであるぼくが李大統領の判断について批評することは差し控えるが、この動きによって韓流ブームの潮目が大きく変わったのは事実だ。ブームの波が大きかった分、その反動も大きかった。日韓関係は急速に悪化していき韓流ファンに取って代わるように台頭してきたのが反韓・嫌韓を標榜する人たちだった。日本の保守系メディアやネット右翼と称される勢力がその流れを煽動すると、一部のグループが先鋭化。大久保通りで人種差別を助長する過激な「ヘイトスピーチデモ」がくり返されるようになった。

「朝鮮人を叩き殺せ！」

「在日のゴキブリどもをぶっ潰せ！」

聞くに堪えない暴言を日の丸や日章旗を掲げた集団が叫んでいる。12年の秋から13年にかけてデモは月2、3回のハイペースで実行されており、ぼくが大久保で取材しただけでも20回近くあった。

特定の人種を口汚く攻撃するヘイトスピーチは絶対に許されるものではないが、ぼくが一番疑問を感じたのは同じグループが何度も大久保通りでデモ行進ができている「現状」にであった。デモの主催者たちがどのような思想に基づきあのような暴言を叫んでいるのかは知らないが、ああやって公道でデモ行進ができるのは日本の行政機関である警察が道路使用を許可しているからだ。

グループの実態がよくわからない最初の2、3回ならまだしも、過去の実績からヘイトスピーチデモをするグループだとわかっていながらデモ行進の許可を何十回も出している行政の対応は、少なくともぼくには人種差別を容認しているようにみえる。

いまの時代、どんなに主義主張が違えども、人間が人間を差別するような言動を許してはいけないはずだ。ヘイトスピーチデモのグループは、日本国憲法で保障されている表現の自由を建前にデモ行進をしているようだが、さすがに差別表現の自由は保障の対象外だろう。ぼくは日本人の良識を信じている。

韓国で27年、日本で20年暮らしたぼくは、両国の良いところをたくさん見てきた。一番近い国と国が喧嘩してもお互いが損をするだけだ。これからは、お互いに反省すべきことは反省して、未来に向かって進むべきだろう。微力ながら今後は両国の架け橋になれるような写真を撮っていければと思っている。

東日本大震災

日本にとっての運命の日――2011年3月11日。ぼくにとっては一人息子の記念日になるはずだった。

韓国の風習「ペギル」――生後100日目のお祝い。現在のように医学が進歩していなかった時代、免疫力が弱い生まれたての子供は生後100日経つまで親戚や近所の人たちにお披露目することを控えていた。現在では簡素化されて家族だけで祝うことが多いが、韓国の地方では親戚縁者を集めて盛大に祝う伝統的なスタイルがいまでも残っている。09年に結婚したぼくは、10年11月に長男を授かっていた。

3月11日の午前中に妻と息子の生後100日目のお祝いをすますと、妻は息子を連れて買い物をしに外出。この日は金曜日だったのでぼくは徹夜取材に備えて昼寝をしていた。

午後2時46分——突然、ぐらっときた。当時、住んでいたのは歌舞伎町にほど近い場所にあるマンションの7階。激しい揺れに襲われたぼくはベッドから飛び起きて、妻と子供がいるリビングに向かったが何度も転んでしまった。

ようやくたどり着いたリビングはもぬけの殻だった。一瞬、目の前が真っ白になったが、すぐに出かけていることを思い出した。ぼくは携帯電話で妻へ連絡を試みたが、何度かけてもつながる気配がない。地震の影響で電話回線に制限かかっているようだ。妻を信じるしかない——。機転が利く妻なら絶対に大丈夫だ。息子を連れて安全な場所に避難しているはず。

祈るような気持ちで携帯電話をポケットにしまうと、ぼくはカメラを手にマンションの階段を駆け下りた。目指す場所はもちろん歌舞伎町。この街で起きた変化を記録するのがぼくの仕事だ。

その日の夜中、妻と息子が自宅に戻ってきた。妻は外出先の五反田から歌舞伎町まで約5時間かけて歩いたという。ぼくは子供の顔を見て安堵するとともに妻の労をねぎらった。4日後、妻と子供が韓国の釜山《ぷさん》にある妻の実家に一時避難する段取りが整うと、ぼくは被災地の福島や岩手などで断続的に取材を続けていた——。

震災うつ

4月下旬——。4回目の被災地取材に向かうため、ぼくはレンタカーを走らせていた。この日は津波の被害が大きかった海岸沿いを岩手県の陸前高田市まで北上する予定を立てていたが、ぼくは写真を1枚も撮ることができず途中で引き返した。理由は自分でもよくわからなかった——。

常磐自動車道と外環自動車道が交差する三郷《みさと》ジャンクション付近まで戻ってきたとき、フロントガラス越しに見えた東京は薄暗かった。

この時期は、福島の原子力発電所などが被災した影響で電力不足が叫ばれており、日本中で節電運動が実施されていた。公共機関から一般の家庭までみんなが協力しており、歌舞伎町のネオンも消されていた。ぼくはそのことを認識しているはずだったが暗い東京の景色を見た瞬間、なぜか大きな悲しみに全身を支配された。

突然、涙が溢れ出てきた——。

高速道路のゼブラゾーン（非常駐車帯）にレンタカーを停めたぼくは運転席で何時間も泣き続けた。感情をコントロールすることが自分ではできなくなっていた。朝から何も食べていなかったが空腹感はまったくなかった。ただ、同じ言葉だけが頭の中で浮かんでは消えていく。

ぼくはこれからどうやって生きていけばいいんだ……。

家族と離ればなれになって1カ月以上が経っていたので、柄にもなく寂しさが募っていたのかもしれない。初回の取材現場で目撃した泥まみれで真っ黒になった複数の遺体が何度もフラッシュバックしてくる。

それから1週間――。ぼくは自宅に引きこもった。カメラには一切触れたくなかった。歩いて数分の歌舞伎町にも行きたくなかった。

ぼくは「震災うつ」になっていた。

うつの原因は自分でもわかっていた。四川大地震の取材時にも苦しめられた報道カメラマンのジレンマ――自分はカメラマンなのか、人間なのか。

遺体を探しているジャーナリストたちの目は爛々《らんらん》と輝いていた。自衛隊や警察が遺体を発見するたびにハイエナのように群がる光景を何度も見た。

なぜ、罪のない人たちが大勢死ぬんだ……。どうして、震災取材をしなければいけないんだ……。いろんなことが一気に襲いかかってきた。現場で知り合ったジャーナリストの一言がぼくの心に突き刺さった。

「苦労して被災地まで来たのにぼうっとしてちゃだめだよ。おれたちにとって、いまはある意味でチャンスじゃないか。こういうときは撮影した写真をどんどん売りまくって稼がないと」

確かにそのとおりだと思う。フリーランスのカメラマンやジャーナリストは災害現場で取材した成果をメディアで発表することによって生活費を稼いでいる。そのことについて異論を差し挟むつもりはない。ぼくも報道カメラマンとしてスクープ写真を狙ってきたし、それなりに撮ることもできた。いまでも写真を撮る技術や根性は誰にも負けないという自負はある。

でも、このときはすべてが嫌になった。すべてを投げ出したくなった——。

ぼくの心は積もりに積もった不安や心配などのストレスに押しつぶされた。自分の精神がこんなにも脆《もろ》かったことを知り、さらに落ち込んだ。

被災地取材を中断したあとは、3カ月ぐらい何も手につかなかった。歌舞伎町をパトロールしていてもあの独特な緊張感が沸いてこない。どこへ行っても見慣れた景色にしか感じられない。そんな状態では写真を撮る気持ちになれるわけがなかった。自分に嘘をついて無理矢理、シャッターボタンを押してみたが使えるような写真は1枚も撮れなかった。

ぼくは震災うつの影響でカメラマン人生初のスランプに陥っていた。

歌舞伎町取材の集大成

スランプにもがく日々から抜け出すきっかけをつくってくれたのは家族だった。

2011年の夏。韓国に一時避難させていた妻と息子が約半年ぶりに戻ってきた。息子は少し見ない間に大きくなっていた。ぼくは息子の成長するスピードに驚くとともに、ささやかな幸せを感じていた。

この先、ぼくたちはどうするべきか――。ぼくは妻と将来についてさんざん話し合った。このまま日本で暮らすべきか、韓国に戻るべきか。悩ましい問題を真剣に議論した。

これは在日外国人ならではの問題だと思う。独身時代は好き勝手に生きてこられたが家庭を持ったいま、自分の考えだけでは生きていけない。ときにはお互いに熱くなってしまい、妻とは言い合いになることもあった。

ぼくたち夫婦が1カ月かけて悩み抜いた末に出した結論――。それは韓国への移住だった。ぼくは息子のことを第一に考えて決心した。ただし、帰国日などは決めていなかった。ぼくは韓国へ戻る前にどうしてもやりたいことがあったので、妻には1年ぐらい待ってもらうことにした。

ぼくがやりたかったこと――歌舞伎町取材の集大成となる「写真集」の出版。

「写真集」をつくることでぼくは歌舞伎町に対するケジメをつけたかった。そうしなければ韓国へ戻る決心が揺らいでしまうような気がして怖かった。

この時点までに、ぼくは歌舞伎町に関連する書籍を2冊出版していた。

1冊目は、来日12年目となる2006年9月に発売された『歌舞伎町事変　1996～2006』（ワニマガジン社）。歌舞伎町案内人として有名な在日中国人の李《り》小牧《しゃむ》さんがエッセイを書き、ぼくは写真を提供した。

2冊目は、08年12月に発売された『歌舞伎町のこころちゃん』（講談社）。コマ劇前の広場で出会ったホームレスの父親に育てられていた少女（当時4歳）のドキュメンタリー。この本は発売直後から話題となり、テレビや新聞、雑誌などで大きく取り上げられたのでご記憶の読者がいるかもしれない。

そして3冊目――。ぼくは10年来のつきあいがある週刊誌の編集者に相談してみた。幸運なことに編集者はぼくの考えをすぐに理解してくれた。ぼくは16年かけて撮りためていた歌舞伎町の写真を1冊の写真集にまとめることができた。

13年2月、『歌舞伎町』（扶桑社）というシンプルなタイトルで出版されたぼくの写真集は思わぬところから反響があった。40年以上の伝統と格式がある講談社出版文化賞写真賞（以下、写真賞）の候補作品としてノミネートされたのだ。

思わぬ〝餞別〟

写真賞事務局のスタッフから「最終候補の10作品に選ばれました。受賞者だけにまた電話します」と連絡をいただいたが、ぼくの携帯電話が再び鳴ることはないだろうとあきらめていた。ノミネートされただけでも光栄だった。なぜなら、時期が悪すぎたからだ。この時期はいまに続く反韓、嫌韓の大合唱がすでに始まっており、在日韓国人のぼくが日本有数の写真賞を受賞できるわけがないと思っていた。

ぼくは写真賞のことなどすっかり忘れて韓国に帰る準備をしつつ、残り少ない歌舞伎町取材に没頭していた。

職安通りを1本入ったところにあるラブホテル街。若い女性とホテルから出てきた30代のやくざが付近を警戒中だった警官に声をかけられた。バンカケ――職務質問。やくざは大声を出して悪態をついていたが、続々と集まる警官にギブアップ。所持品検査に渋々ながら応じるとやくざの持ち物から違法薬物らしきものが発見された。

「これは何だ！」

「知らねえよ」

「自分の口でちゃんと言え！」

「だから知らねえって言ってんだろうが！」

サイレンを鳴らした数台のパトカーがこちらに向かってくる。おそらく、鑑識係が検査キットを使って薬物判定をするのだろう。久しぶりの大捕り物に遭遇できたぼくは興奮していた。スクープ写真が撮れるような予感がしていた。

そのとき、左胸の携帯電話が震動した。3秒、8秒、15秒……マナーモードの震えが止まらない。どうやらメールじゃないようだ。この忙しいときに――。ぼくは舌打ちをこらえて電話に出た。

「おめでとうございます！　こちらは……」

陽気な声が聞こえてきたが、ぼくは相手の話を遮るように「いま取材中なので折り返します」とだけ言うと通話終了ボタンを押して電話を切った。

現場に臨場したのは予想どおり鑑識係だった。検査の結果、やくざが所持していたものが違法薬物であることが判明。やくざは現行犯逮捕された。ぼくはその一部始終を撮影することに成功して気分が良かった。「これが歌舞伎町だよな～」と一人ごちたとき、さっきの電話のことを急に思い出した。ぼくは慌ててかけ直した。電話の相手は写真賞事務局のスタッフだった。ぼくの写真集が第44回写真賞に選ばれていた――。

2013年5月、写真賞の授賞式。ぼくは感無量だった。

日韓関係が最悪な時期に在日韓国人であるぼくを選んでもらえたことがうれしかっ

た。人種や韓国に対する偏見がなく、あくまでもぼくの写真に対して純粋に評価してくれたことに感激した。ひとつのテーマを16年も追いかけ続けたことを認めてくれた選考委員もいた。ぼくは自分の中で歌舞伎町への区切りがついたような、そんな清々《すがすが》しい気持ちになっていた。

ぼくの幸運はさらに続いた。来日以降、断続的に撮り続けていた元ハンセン病患者との交流録を写真集として出版できることになったのだ。元ハンセン病患者はドキュメンタリー写真家であるぼくの原点。日本メディアのデビュー作は実は元ハンセン病患者を撮影した1枚だった。詳細は13年11月に発売された拙著『てっちゃん　ハンセン病に感謝した詩人』（彩流社）をご覧いただきたい。さらに、『歌舞伎町』と『てっちゃん――』の2冊は韓国で翻訳版が発売されることも決まった。

韓国への移住を決断してからのぼくには幸運なできごとが続いていた。それはまるで長年愛情を注いで密着してきた歌舞伎町が、ぼくに餞別を贈ってくれているようだった。

あとがき

歌舞伎町から引退して、韓国に帰ります——。

2014年2月、移住先の住居などが決まるとぼくは日本でお世話になった方々に最後のあいさつ回りをしていた。

みなさんは一様に驚かれて「なんで帰るの？　立派な賞をもらってこれからってときじゃない。いま歌舞伎町を離れるのはもったいないですよ」と親切に助言をしてくれたが、ぼくの決心に変わりはなかった。

ぼくが歌舞伎町を引退する理由は複数ある。一番の理由は、父親として原発事故や放射能の影響が未知数である日本で息子をこのまま育て上げる自信と責任が持てなかったことにある。

誤解の無いように書いておくが、歌舞伎町の住人として歌舞伎町に密着しながら歌舞伎町を撮り続ける生活からは引退するが、日本からは引退するつもりはない。

ベースキャンプは歌舞伎町から韓国に移すが、今後はドキュメンタリーのテーマを歌舞伎町から「日本」という大きなものにして、桜や靖国神社などを年に1、2回のペースで来日して撮り続けるつもりだ。もちろん、韓国でも何かテーマを見つけて撮り続けていこうと思っている。

前述したが、将来的にぼくは日本と韓国の架け橋になるような仕事ができればと考えている。

歌舞伎町から引退して、韓国に帰ります――。

２０１４年２月、移住先の住居などが決まるとぼくは日本でお世話になった方々に最後のあいさつ回りをしていた。

みなさんは一様に驚かれて「なんで帰るの？　立派な賞をもらってこれからってときじゃない。いま歌舞伎町を離れるのはもったいないですよ」と親切に助言をしてくれたが、ぼくの決心に変わりはなかった。

ぼくが歌舞伎町を引退する理由は複数ある。一番の理由は、父親として原発事故や放射能の影響が未知数である日本で息子をこのまま育て上げる自信と責任が持てなかったことにある。

誤解の無いように書いておくが、歌舞伎町の住人として歌舞伎町に密着しながら歌舞伎町を撮り続ける生活からは引退するが、日本からは引退するつもりはない。

ベースキャンプは歌舞伎町から韓国に移すが、今後はドキュメンタリーのテーマを歌舞伎町から「日本」という大きなものにして、桜や靖国神社などを年に1、2回のペースで来日して撮り続けるつもりだ。もちろん、韓国でも何かテーマを見つけて撮り続けていこうと思っている。

前述したが、将来的にぼくは日本と韓国の架け橋になるような仕事ができればと考えている。

日本を立つ前日まで、ぼくは歌舞伎町を歩いていた——。

08年に老朽化のため閉館になったコマ劇場の跡地には地上30階の超高層ビルが急ピッチで建設されている。低層階に飲食店や映画館を備え、中層階からホテルになる歌舞伎町の新しいランドマークは15年にオープン予定だという。

ぼくは歌舞伎町で一番好きな場所——コマ劇場前の広場で立ち止まり、天空に伸びる超高層ビルを見上げながら歌舞伎町に感謝した。

歌舞伎町は、ぼくを育ててくれた街だ。

歌舞伎町と出会えたから、ぼくはドキュメンタリー写真家になれた。

歌舞伎町で写真を撮り続けることができたから、ぼくは日本で長年暮らすことができた。

歌舞伎町が死んだ街になることは永遠にないだろう。ぼくが密着した18年間でこの街は何ひとつ変わらなかった。ストリートカルチャーの変遷や景気の変動による人出の多少はあったものの、欲望の街というこの街の根幹は揺るがなかった。

欲望は人間の原点だ。人間がいて、人間が集う以上、この街が死ぬことはない。

それが戦後の焼け野原から闇市を経て、名実ともに日本一の歓楽街となった歌舞伎町が受け持つ宿命なんだと思う——。

2014年4月5日——成田空港。20年前の同じ日にぼくは期待と不安を胸にこの場所へ降り立った。新しいことに挑戦する気持ち。あのわくわく感や緊張感はいまも鮮明に覚えている。

移住先の韓国では住居以外すべてが白紙だった。計画も予定も何もない。新しい撮影テーマ、新しい人生を自分でつくるしかない。まるで20年前のあの日のような気持ちだ。

午前9時45分——韓国行きの大韓航空機が定刻通りに離陸した。

ぼくの20年目の来日記念日は、新たな旅立ちの日になった。

2014年8月

権 徹

宝島
SUGOI
文庫

歌舞伎町スナイパー
(かぶきちょうすないぱー)

2014年9月18日　第1刷発行

著　者　権 徹
発行人　蓮見清一
発行所　株式会社 宝島社
〒102-8388　東京都千代田区一番町25番地
電話：営業 03(3234)4621／編集 03(3234)3691
http://tkj.jp
振替：00170-1-170829（株）宝島社
印刷・製本　株式会社廣済堂

ISBN978-4-8002-2760-7